Kati Breuer

Mit Musik durchs Krippenjahr!

Mitmachlieder, Klapperrhythmen Klanggeschichten

Verlag an der Ruhr

Impressum

Titel
Mit Musik durchs Krippenjahr!
Mitmachlieder, Klapperrhythmen, Klanggeschichten

Autorin
Kati Breuer

Illustrationen
Anja Boretzki

Verlag an der Ruhr
Mülheim an der Ruhr
www.verlagruhr.de

Geeignet für Kinder von 1–3 Jahren

Unser Beitrag zum Umweltschutz
Wir sind seit 2008 ein ÖKOPROFIT®-Betrieb und setzen uns damit aktiv für den Umweltschutz ein. Das ÖKOPROFIT®-Projekt unterstützt Betriebe dabei, die Umwelt durch nachhaltiges Wirtschaften zu entlasten.
Unsere Produkte sind grundsätzlich auf chlorfrei gebleichtes und nach Umweltschutzstandards zertifiziertes Papier gedruckt.

ISBN 978-3-8346-0826-0

Printed in Germany

Inhalt

Inhaltsverzeichnis

Inhaltsverzeichnis

Inhaltsverzeichnis

Vorwort

Liebe Leserin und lieber Leser,

von „Backe, backe Kuchen" bis „Schlaf, Kindchen, schlaf", Singen und Musik spielen im Alltag von Babys und Kleinkindern eine große Rolle. Besonders wenn Musik und Bewegung verbunden werden, haben die Jüngsten viel Spaß daran und machen meist begeistert mit. Sie wiegen sich im Takt, wippen, hüpfen oder klatschen – jedes Kind nach seinen Möglichkeiten.

Das folgende Buch liefert Ihnen viele Ideen für Ihre musikalische Arbeit in der Krippe, mit Ihren Tageskindern oder in der Spielgruppe. Alle Lieder und Spiele sind in der praktischen Arbeit mit Kleinstkindern erfunden, ausprobiert, immer wieder verändert und weiterentwickelt worden. Sie sind jedoch nicht als fertige „Rezepte" für Ihre Kindergruppe gedacht, sondern sollen eher Anregung und Impulsgeber sein. Spinnen Sie also meine Ideen weiter, ändern Sie Spiele nach Herzenslust ab, erfinden Sie neue Texte, oder singen Sie die Melodien auf Ihre ganz eigene Weise.

Wenn Sie Musikinstrumente verwenden möchten, achten Sie darauf, dass diese für die kleinen Hände geeignet sind. Gut bewährt haben sich Egg-Shaker (Rassel-Eier aus buntem Kunststoff), einfache Handtrommeln, Schellen und Chimes (Metallröhren, die auf einem Holzkasten befestigt sind und mit einem Schlägel gespielt werden). Je nach Alter und Geschicklichkeit Ihrer Kinder können Sie dann nach und nach die normalen Orff-Instrumente ausprobieren. An einigen Stellen im Buch finden Sie auch Ideen zum Selberbasteln von einfachen Instrumenten.

Einfache Klanggeschichten können Sie durchaus schon mit den Allerjüngsten ausprobieren. Ich habe Ihnen dazu einige Anregungen in den einzelnen Kapiteln gegeben. Die Kinder üben hierbei meistens den Unterschied zwischen „spielen" und „still sein", was in diesem Alter schon eine tolle Leistung ist.

Vorwort

Auch bei den angegebenen Rhythmus- und Instrumentenspielen geht es um erste Erfahrungen mit dem gezielten Musizieren und der Fähigkeit, sich auch einmal zurückzuhalten, abzuwarten und zuzuhören.

Wo es möglich war, habe ich Variationen und Erweiterungen für die etwas älteren Kleinkinder angegeben. Natürlich brauchen die fast 3-Jährigen andere Anregungen als die ganz Kleinen, die Übergänge sind aber wie auch in anderen Bereichen fließend und individuell unterschiedlich. Probieren Sie einfach aus, welche Spielform am besten zu Ihren Kindern passt.

Auf der beiliegenden CD finden Sie alle Lieder aus diesem Buch. Es sind eine ganze Menge, denn viele von ihnen sind sehr kurz und bestehen nur aus einer einzigen Zeile oder einer einzelnen kurzen Strophe. Für nahezu jede Situation im Alltag mit Kleinkindern können Sie ein solches Kurz-Lied erfinden, so wie ich es hier getan habe. Wenn bestimmte Zeilen oder Lieder sich als Gruppenrituale etablieren, reagieren die Kinder in der Regel schon auf die ersten Töne und brauchen dann keine gesprochenen Anweisungen mehr.

Sie werden feststellen, dass es häufig diese ganz kleinen Ideen, die kurzen Singezeilen und Sprachspielereien sind, aus denen sich mit der Zeit fast von selbst weitere musikalische Spielideen entwickeln. Ich wünsche Ihnen und Ihren Kindern dabei viel Freude und ein musikalisches Krippenjahr!

Kati Breuer

1

Guten Tag – auf Wiedersehen

Ob das Begrüßungslied am Morgen oder der Abschiedsvers am Ende des Krippentages – Rituale helfen besonders den Kleinsten, sich in der neuen Umgebung zurechtzufinden. Vom Füße-Wecken bis zum Namen-Singen, mit Rasseln, Glöckchen und Rhythmusspielen lassen sich die Kinder begeistern.

Sprachspiel

Guten Morgen hier im Kreis

evtl. ein Instrument als Signal (z.B. Triangel)

ganze Gruppe

Gruppenraum

ca. 5 Minuten

Setzen Sie sich im Morgenkreis zusammen, und begrüßen Sie jedes Kind einzeln: „Lena, Lena, bist du da? Hallo Lena, da bist du ja!" *(Name einsetzen)* Fragen Sie auch nach den Kindern, die an diesem Tag krank oder anderweitig verhindert sind: „Leyla, Leyla, bist du da? Ach, wie schade, du fehlst heut' ja!"
Im Anschluss können Sie ein beliebiges Begrüßungslied singen.

Sprachspiel

Guten Morgen, ihr Füßchen

keins

ganze Gruppe

Gruppenraum

ca. 5 Minuten

Die Kinder setzen sich auf den Boden und bewegen ihre Füße passend zum Text:

Guten Morgen, ihr Füßchen, wie heißt ihr denn?
Ich heiße Hampel, und ich heiße Strampel,
Ich bin das Füßchen Übermut, und ich bin das Füßchen Tunichtgut.
Übermut und Tunichtgut gehen auf die Reise.
Patsch, durch alle Sümpfe,
Nass sind Schuh' und Strümpfe.
Guckt die Mama um das Eck, laufen sie alle beide weg!

Wir wollen uns begrüßen

Melodie: traditionell aus England
Text: Kati Breuer

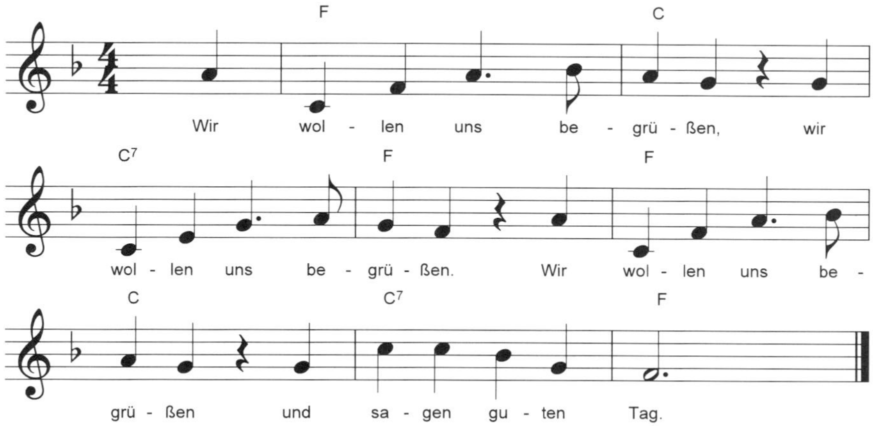

Wir klatschen in die Hände
Wir klatschen in die Hände
Wir klatschen in die Hände
Und sagen Guten Tag

Wir stampfen mit den Füßen …

Wir wackeln mit dem Popo …

Begleitung zum Lied

keins — *ganze Gruppe*

Gruppenraum — *ca. 5 Minuten*

Wie im Text angegeben, begrüßen sich die Kinder mit Bewegungen:

Wir wollen uns begrüßen (winken)
Und sagen guten Tag! (Kopf leicht zum Gruß neigen)

In den folgenden Strophen bewegen sie je nach Text die verschiedenen Körperteile. Das Popo-Wackeln kommt erfahrungsgemäß immer besonders gut an. Vielleicht fällt Ihrer Gruppe auch noch eine andere Bewegung ein. Ältere Kinder suchen gerne selbst die jeweils folgende Aktion aus.

Variation:

Viele Kinder finden das Handgeben zur Begrüßung an dieser Stelle toll. Singen Sie das Lied durch wie gewohnt. Ganz am Ende ziehen Sie dann das Wort „Tag“ so lang, dass Sie allen Kindern während dieses Wortes reihum die Hand schütteln können.

Variation für Könner:

Die Kinder gehen kreuz und quer im Raum herum. Bei „Guten Tag“ bleiben jeweils zwei voreinander stehen und schütteln sich die Hände oder verbeugen sich voreinander. Auch hier ist besonders die letzte Strophe gefragt, weil im Gehen mit dem Po zu wackeln, sehr lustig aussieht.

2

Herschau'n, hallo!

Lied

Melodie: traditionell aus England
Text: überliefert

Bewegungsspiel

Begleitung zum Lied

keins	*ganze Gruppe*
Gruppenraum	*ca. 5 Minuten*

Das Lied besteht aus zwei Teilen, die sich vom Tempo her deutlich unterscheiden. Machen Sie mit den Kindern im ersten Teil (eher langsam) die Bewegungen mit:

Herschau'n (Hand suchend an die Stirn halten und im Raum umherblicken)
Hallo (sich zuwinken)
Jetzt fangen alle an (mit dem Zeigefinger einen Kreis andeuten)

Der zweite Teil der Melodie ist etwas schneller, hier können die Kinder sich mehr bewegen. Suchen Sie selbst aus, welche Bewegung am besten zu Ihrer Gruppe passt: Jüngere Kinder klatschen oder wackeln im Sitzen mit den Hüften, ältere fassen sich gerne an den Händen und tanzen im Kreis.

Variation:

Statt „Alle miteinander an …" können Sie auch singen „Alle fang'n zu klatschen an" oder „Alle fang'n zu hüpfen an".

Variation für Könner:

Ältere Kinder können das Lied auch mit Instrumenten begleiten. Dafür eignen sich am besten Rasseln oder Schellen, die mit nur einer Hand gespielt werden. Werden Sie bei „Jetzt fangen alle an" immer langsamer, und machen Sie danach eine kurze Pause, damit die Kinder ihr Instrument in die Hand nehmen können. Sie sollten so lange warten, bis wirklich alle Kinder bereit sind. Bei „Alle miteinander an" wird dann wieder flotter gesungen, und die Kinder spielen auf den Instrumenten dazu.

Sebastian, wo bist du?

für jedes Kind ein Schellenband oder eine Rassel

ganze Gruppe

Gruppenraum

ca. 5 Minuten

Verteilen Sie die Instrumente an die Kinder. Fragen Sie dann nacheinander alle Anwesenden: „Sebastian *(Namen einsetzen)*, wo bist du?“ Das angesprochene Kind antwortet (sofern es das schon kann) „Hier bin ich!“ und spielt dazu auf seinem Instrument.

Wenn alle Kinder an der Reihe waren, können Sie die Instrumente auf ähnliche Weise wieder einsammeln. Fragen Sie wieder: „Sebastian, wo bist du?“ Das Kind antwortet mit „Hier bin ich!“, und Sie sagen jetzt „Komm, bring mir deine Rassel/deine Schellen“.

Variation für Könner:

Die Kinder dürfen sich einzeln nacheinander samt Instrument im Raum verstecken. Alle anderen schließen dafür kurz die Augen oder drehen sich um. Wenn Sie jetzt fragen: „Sebastian, wo bist du?“, spielt das angesprochene Kind aus seinem Versteck heraus auf dem Instrument. Wer kann den Musikanten finden?

Tipp:

Vielleicht können Sie dieses Spiel auch einmal mit den Eltern beim Abholen spielen. Es ist für ein Kind stets ein großer Spaß, wenn Mutter oder Vater es umständlich suchen muss und schließlich unter großem Hallo in seinem Versteck aufspürt.

3

Lied

Lirum, larum, Löffelstiel

Melodie und Text: Kati Breuer

Lirum, larum, Löffelstiel
Wir tanzen rundherum
Und wer von uns hier Lena heißt
Der dreht sich einmal um

Lirum, larum, Löffelstiel
Wir tanzen rundherum
Und wer von uns hier Daniel heißt
Der dreht sich einmal um

Begleitung zum Lied

Tanzspiel

keins

ganze Gruppe

Gruppenraum

ca. 5 Minuten

Bei diesem Bewegungslied können alle Kinder mitmachen. Wer noch nicht laufen kann, tanzt eben auf dem Boden mit. Viel Spaß macht das Lied den älteren Kindern, die sich anfassen und im Kreis tanzen können. Das jeweils angesprochene Kind dreht sich am Schluss einmal um sich selbst.

Variation:

Ganz besonders beliebt ist in vielen Gruppen die folgende Textvariation:

Lirum, larum, Löffelstiel
Wir tanzen rundherum
Und wenn wir damit fertig sind
Dann fall'n wir einfach um

Variation für Könner:

Probieren Sie einmal aus, ob es Ihren größeren Kindern schon gelingt, ihren eigenen Namen und vielleicht auch die der anderen Kinder zu klatschen. Schwierigkeiten gibt es manchmal bei einsilbigen Namen. Helfen Sie dann den Kindern, damit aus „Tom" kein „To-hom" wird. Vielleicht können die Kinder die Namen ja auch einmal auf einem Instrument spielen. Stellen Sie einen Klingenden Stab oder ein anderes größeres Instrument in die Mitte, und fordern Sie die Kinder auf, nacheinander dort hinzugehen und den eigenen Namen zu spielen.

Bewegungsspiel

Die Hände sind noch müde

keins

ganze Gruppe

Gruppenraum

ca. 5 Minuten

Sprechen Sie gemeinsam den folgenden Vers, und machen Sie die entsprechenden Bewegungen dazu.

Die Hände sind noch müde
Sind noch nicht richtig wach (langsam die eine Hand mit der anderen streicheln)
Jetzt wollen wir sie wecken (klatschen)
Drum schütteln wir sie wach (Hände schütteln)

Die Füße sind noch müde
Sind noch nicht richtig wach (langsam den einen Fuß mit dem anderen streicheln)
Jetzt wollen wir sie wecken (klatschen)
Drum schütteln wir sie wach (Füße schütteln)

Die Arme sind noch müde …

Die Schultern sind noch müde …

Wem fällt noch mehr ein?

Die Rührtrommel will wandern

Rührtrommel (am besten mit einem Griff)	*ganze Gruppe*
Gruppenraum	*ca. 5 Minuten*

Während Sie folgenden Vers sprechen, wandert eine Rührtrommel im Kreis herum. Jedes Kind darf einen Moment darauf spielen und gibt sie dann weiter. Wiederholen Sie den Vers so oft, bis alle Kinder dran waren.

Die Rührtrommel will wandern
Von einem Kind zum ander'n,
Und wünscht uns einen guten Tag
Guten Tag, guten Tag

Variation:

Lassen Sie auch einmal andere Instrumente durch den Kreis wandern. Gut geeignet sind z.B. Rasseln, Glöckchen, eine (kleine) Handtrommel oder ein Schellenkranz.

Variation für Könner:

Die älteren Kinder geben die Rührtrommel nicht einfach im Kreis herum, sondern suchen sich selbst aus, an wen sie das Instrument weiterreichen möchten. Das kann auch ein Kind sein, das gegenüber sitzt. Gesprochen wird dann so:

Die Rührtrommel will wandern
Von einem Kind zum ander'n,
Und wünscht uns einen guten Tag
Guten Tag, Jonathan (Namen einsetzen)

4

Lied

Auf Wiederseh'n bis morgen

Melodie und Text: Kati Breuer

Begleitung zum Lied

Kreisspiel

keins

ganze Gruppe

Gruppenraum oder im Freien

ca. 5 Minuten

Machen Sie mit den Kindern zum Abschluss des Tages einen Kreis und singen mit ihnen das Schlusslied. Bei „Auf Wiederseh'n" winken sich die Kinder gegenseitig zu, bei „Wir gehen jetzt nach Haus" kann man gut im Takt klatschen.

Tipp:

Wenn Ihre Kinder bereits sehr sicher eingewöhnt sind und alle Abläufe gut kennen, können Sie das Abschlusslied durchaus verändern. Singen Sie doch zur Abwechslung z.B. auch einmal „Alle Leut'" oder „Schluss für heut'". Ältere Kinder können auch reihum das jeweilige Schlusslied auswählen.

Variation:

An Freitagen singen Sie nicht „Auf Wiederseh'n bis morgen", sondern „Auf Wiederseh'n bis Montag".

Variation für Könner:

Die älteren Kinder können mit Hilfe des Liedes schon die Wochentage benennen. Bevor Sie das Lied singen, besprechen Sie mit den Kindern, welcher Wochentag heute ist. Vielleicht weiß das eine oder andere Kind das schon, ansonsten helfen Sie ein bisschen. Vielleicht gibt es in Ihrer Einrichtung ja auch kleine Orientierungspunkte, z.B. das Turnen, das immer am Mittwoch ist, oder dass es jeden Freitag Fisch zum Mittagessen gibt. Wenn der aktuelle Tag geklärt ist, können Sie auch noch besprechen, welcher Tag denn wohl als Nächstes kommt.

Sprachspiel

Auf Wiederseh'n, auf Wiederseh'n

keins | *ganze Gruppe*

Gruppenraum oder im Freien | *ca. eine Minute*

Statt eines Schlussliedes können Sie auch mit den Kindern einen Abschlussvers sprechen und dazu klatschen oder stampfen. Wie wäre es mit einem von diesen?

Auf Wiederseh'n, auf Wiederseh'n
Wir wollen jetzt nach Hause geh'n
Macht es gut, liebe Leut'
Schluss für heut'!

Nach Hause, nach Hause, nach Hause woll'n wir geh'n
Und uns am nächsten Morgen alle wiederseh'n!

Mi-ma-maus, die Krippe ist jetzt aus
Wir machen uns're Türe auf, und alle laufen raus!

Abholzeit, Abholzeit
Alle Kinder sind bereit
Mama, Papa, Omama
Sind bestimmt schon alle da!

Wir winken uns, wir winken uns
Wir winken uns jetzt zu
Nach Hause gehst, nach Hause gehst
Nach Hause gehst auch du!

So geht's in unserer Gruppe zu

Essen, Schlafen, Spielen, Zähneputzen – die wiederkehrenden Situationen im Tagesverlauf sind wie geschaffen für musikalische Gestaltung. Begleiten Sie die Kinder mit Liedern und Reimen durch den Tag, und machen Sie die gemeinsamen Aktivitäten zu einem Erlebnis.

5

Lied

Wir machen einen Kreis

Melodie und Text: überliefert

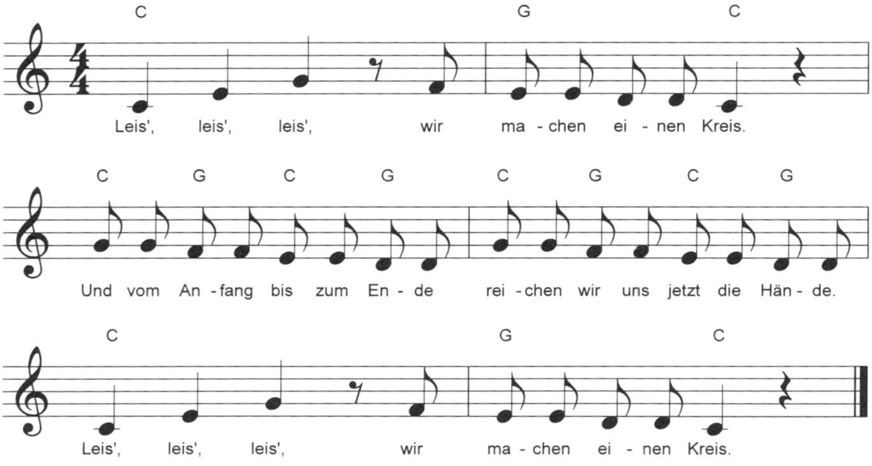

Tipp:

Das Lied eignet sich gut, um die Kinder zusammenzuholen, z.B. zum Morgen- oder Abschlusskreis, zum Essen oder zum Turnen. Besonders viel Spaß haben die Kinder, wenn der Einsatz des Liedes eingeübt wird. Lassen Sie die Kinder sich dafür im Raum verteilen, und singen Sie dann das Lied. Wie schnell ist wohl der Kreis komplett?

Ich spiele laut, ich spiele leis'

Glockenspiel mit Schlägel

5–6 Kinder

Gruppenraum

ca. 5 Minuten

Versammeln Sie die Kinder in einem Kreis, und sprechen Sie gemeinsam den folgenden Vers:

Ich spiele hier in unser'm Kreis
Mal spiel' ich laut, mal spiel' ich leis'.

Die Kinder spielen zu dem Reim auf dem Glockenspiel und geben das Instrument dann an den Nachbarn weiter. Zuhören zu können und abzuwarten, bis man selbst an der Reihe ist, ist eine große Herausforderung für die Kinder. Wenn eines von ihnen aber nicht spielen möchte, muss es das natürlich nicht. Vielleicht mag es erstmal nur zusehen und traut sich später doch noch.

Variation:

Gerade zu Beginn des Krippenjahres bietet es sich an, die Namen der Kinder immer wieder zu wiederholen, damit die Kinder einander kennenlernen. Auch dieser Vers eignet sich dafür. Setzen Sie dafür einfach den Namen des Kindes ein, das gerade auf seinem Instrument spielt:

Peter spielt in unser'm Kreis
Mal spielt er laut, mal spielt er leis'.

Anna spielt in unser'm Kreis,
Mal spielt sie laut, mal spielt sie leis'.

6

Lied

Wir reichen uns die Hände

Melodie und Text: Kati Breuer

Tipp:

Wenn die Kinder am Tisch sitzen, fassen sie sich an den Händen und singen gemeinsam das Lied. Dann wird zusammen gegessen.

Die hungrigen Finger

Fingerspiel

keins

ganze Gruppe

am Esstisch oder im Gruppenraum

ca. 2 Minuten

Dieses Fingerspiel eignet sich gut, um die Wartezeit auf das Mittagessen zu überbrücken.

Der hat einen großen Durst
(Daumen zeigen, Trinkbewegung machen)

Der möchte eine große Wurst
(Zeigefinger zeigen, mit den Händen eine Wurst andeuten)

Der möchte einen Butterwecken
(Mittelfinger zeigen, mit den Händen ein rundes Brötchen andeuten)

Der möchte gerne Honig schlecken
(Ringfinger zeigen, pantomimisch einen Finger ins Honigglas stecken und dann ablecken)

Und der kleine Butzimann
Schaut vergnügt die ander'n an!
(Kleinen Finger zeigen)

7

Lied

Viele weiße Zähne

Melodie und Text: Kati Breuer

Tipp:

Singen Sie das kurze Lied, während Sie die Zahnbürste des Kindes zum Zähneputzen vorbereiten. Sehr jungen Kindern, die noch keine Zahnpasta benutzen, können Sie die Melodie auch während der Zahnpflege selbst vorsingen. Sie können zum Gesang auch pantomimisch Putzbewegungen andeuten. Vielleicht müssen ja auch die Kuscheltiere einmal die Zähne geputzt bekommen und werden dabei angesungen?

Aufräumlied

Melodie und Text: Kati Breuer

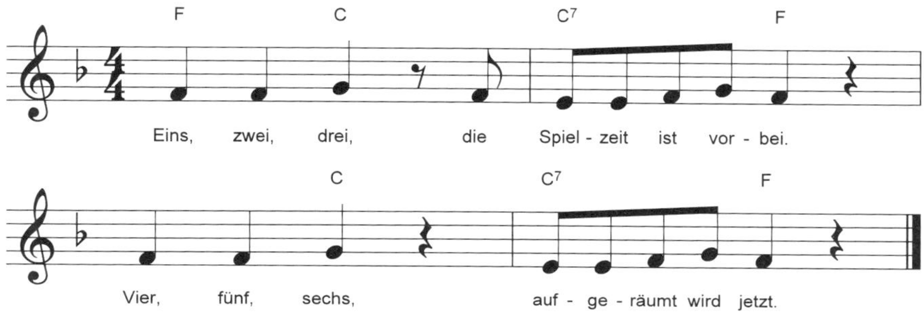

Variation für Könner:

Erfinden Sie doch einfach eine weitere Strophe dazu und singen Sie zur gleichen Melodie z.B.:

Sieben, acht, neun, da werd'n sich alle freu'n.
Zehn, elf, zwölf, wenn auch ich euch helf'.

Hörübung

Begleitung zum Lied

evtl. Triangel	*ganze Gruppe*
Gruppenraum	*ca. 5 Minuten*

Das Aufräumlied eignet sich gut als Signallied: Schon nach kurzer Zeit werden die Kinder genau wissen, was passiert, wenn sie es hören. Wenn Sie möchten, können Sie die Melodie mit einer Triangel unterstützen. Begleiten Sie damit die gesungenen Zahlen. Die Signalwirkung wird so für die Kinder noch deutlicher.

Variation für Könner:

Ältere Kinder übernehmen mit großer Freude das Klingelsignal mit der Triangel. Die Handhabung dieses frei schwingenden Instrumentes ist allerdings nicht ganz einfach. Am besten halten Sie selbst die Triangel am Band fest und lassen das Kind nur mit dem Stab schlagen. Damit sich das Instrument beim Spielen nicht dreht, fassen Sie mit Daumen und Zeigefinger in die Trageschlaufe und spreizen die Finger dann, sodass das Band straff gespannt wird.

Alternativ können Sie statt einer Triangel auch die etwas einfacher zu spielenden Klingenden Stäbe oder Chimes (dünne Metallröhre auf einem Holzkörper) verwenden.

Führen Sie auf jeden Fall unbedingt eine Namensliste, damit jedes Kind einmal beim Aufräumlied an die Reihe kommt und keines vergessen wird.

Wir ziehen die Schuhe an

9

Lied

Melodie: traditionell aus England
Text: Kati Breuer

Komm, wir ziehen die Jacke an
Die Jacke an, die Jacke an
Komm, wir ziehen die Jacke an
Denn jetzt geht es hinaus

Komm, wir setzen die Mütze auf
Die Mütze auf, die Mütze auf
Komm, wir setzen die Mütze auf
Denn jetzt geht es hinaus

Mitmachlied

Begleitung zum Lied

Kleidung für draußen

ein Kind oder die ganze Gruppe

Gruppenraum

ca. 2 Minuten

Erfahrungsgemäß ist es eine gute Idee, ein „Anziehlied" mit dem Kind zu singen, dem man gerade die Schuhe oder die Jacke anzieht, bevor es nach draußen geht. Sie zeigen damit einerseits dem jeweiligen Kind Ihre Aufmerksamkeit, andererseits langweilen sich in dieser Zeit die übrigen Kinder nicht so sehr, denn sie können ja mitsingen. Je nachdem, wie viele Kinder Sie anziehen müssen, sollten Sie zuerst alle Schuhe, dann alle Jacken, am Schluss alle Mützen anziehen und natürlich immer jeweils die passende Strophe singen.

Tipp:

Wenn Ihre Kinder das Lied mögen, können Sie es auch für den Wickeltisch abwandeln: „Komm, wir ziehen die Windel/Hose/Socken an … und gehen wieder spielen". Oder benutzen Sie das Lied als Ausziehlied vor dem Mittagsschlaf: „Komm, wir ziehen die Hose aus, denn jetzt geht es ins Bett."

Variation für Könner:

Bei Kindern, die sich schon selbst an- und ausziehen können, singen Sie:

Timo zieht die Schuhe aus …

Kaja zieht die Jacke an …

Johanna setzt die Mütze auf …

Der Sandmann ist da

10

Lied

Melodie und Text: überliefert

Tipp:

Singen Sie das Lied Ihren Kindern vor, wenn Sie zum Mittagsschlaf in ihren Betten liegen. Wenn Sie mögen, lassen Sie ganz am Ende ein Glockenspiel oder eine Klangschale erklingen.

Sprachspiel

Der Robert ist ganz müde

hell klingendes Instrument, z.B. Fingerzimbeln

alle Kinder, die gerade schlafen gehen

Schlafraum

ca. 2 Minuten

Nennen Sie reihum die Namen der Kinder, die gerade schlafen gehen, und wünschen Sie ihnen eine angenehme Ruhepause. Nach dem Vers spielen Sie einen einzelnen leisen Ton auf dem Instrument. Viele Kinder lieben dieses beruhigende Ritual.

Der Robert ist ganz müde und legt sich jetzt zur Ruh'
Er macht in seinem Bettchen die Augen zu.

Die Jette ist ganz müde und legt sich jetzt zur Ruh'
Sie macht in ihrem Bettchen die Augen zu.

Variation:

Erfinden Sie verschiedene einfache kleine Verse oder gesungene Zeilen zum Mund- und Händewaschen, zum Wickeln, zum An- und Umziehen, zum Essen usw. Viele Kinder reagieren ausgesprochen gut auf gesungene Anweisungen und Reime. Auf ausgefeilte Melodien oder toll gereimte Sätze kommt es dabei gar nicht an, wichtig ist hier vielmehr die ständige Wiederholung des Gewohnten.

Geburtstagslied

11

Lied

Melodie und Text: Kati Breuer

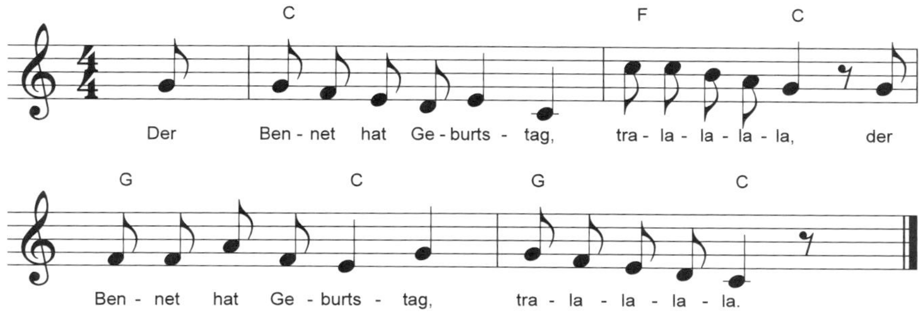

Wir wollen gratulieren
Trallallallalla
Wir wollen gratulieren
Trallallallalla

Begleitung zum Lied

Musikinstrumente (z.B. Rasseln)

ganze Gruppe

Gruppenraum

ca. 5 Minuten

Verteilen Sie die Musikinstrumente an die Kinder, und singen Sie gemeinsam das Geburtstagslied. Besonders bei „trallallallalla" lässt es sich toll musizieren. Wenn Ihre Kinder schon laufen können, können Sie auch eine kleine Geburtstagspolonäse durch den Gruppenraum veranstalten. Singen Sie dafür das Lied einfach immer wieder von vorne.

Tipp:

Stellen Sie Geburtstagsrasseln für Ihre Gruppe selbst her, die sie nur zu diesem Anlass herausholen. Gut geeignet für kleine Hände sind z.B. leere Fläschchen von Trinkjogurt. Füllen Sie diese mit einigen Perlen oder Steinchen, und verkleben Sie den Deckel.
Die Fläschchen können noch mit etwas selbstklebender Glitzerfolie verziert werden, fertig sind die Geburtstagsrasseln. Wie alle selbstgemachten Spielsachen sind sie nicht ganz so haltbar wie gekaufte und sollten nur unter Aufsicht benutzt werden.

Variation für Könner:

Probieren Sie einmal aus, ob Ihre älteren Kinder es schon schaffen, die Instrumente nur bei „trallallallalla" zu spielen, sie während des restlichen Liedes aber still zu halten. Hier schulen die Kinder ganz spielerisch ihre Konzentration und lernen, sich zurückzuhalten – eine große Leistung!

3

Immer in Bewegung

Bewegung ist besonders bei Kleinkindern ein Motor der Entwicklung. Regen Sie die Kinder dazu an, indem Sie regelmäßig Rhythmusübungen und Bewegungsspiele anbieten. Ob krabbeln, wippen, tanzen oder klatschen, mit Musik geht alles doppelt gut!

Klatschen, klatschen, alle Kinder klatschen

Handtrommel

ganze Gruppe

Bewegungsraum

ca. 5 Minuten

Klatschen, klatschen
Alle Kinder klatschen
Klatschen, klatschen
Klatschen, stopp!

Hüpfen, hüpfen
Alle Kinder hüpfen
Hüpfen, hüpfen
Hüpfen, stopp!

Gehen, gehen
Alle Kinder gehen
Gehen, gehen
Gehen, stopp!

usw.

Geben Sie beim nachfolgenden Vers einen nicht allzu schnellen Rhythmus mit der Handtrommel vor. Die Kinder versuchen, den Rhythmus aufzunehmen und die Bewegungen im Takt mitzumachen.

Tipp:

Sie können noch viele andere Tätigkeiten ausprobieren, z.B. tanzen, schleichen, drehen usw.

Variation:

Wenn Sie den Text mit Instrumenten begleiten möchten, geben Sie am besten jedem Kind das gleiche. Der Spruch heißt dann eben „Trommeln, trommeln …“ oder auch „Klopfen, klopfen …“

Die Mühle geht langsam

Lied

12

Text und Melodie: überliefert

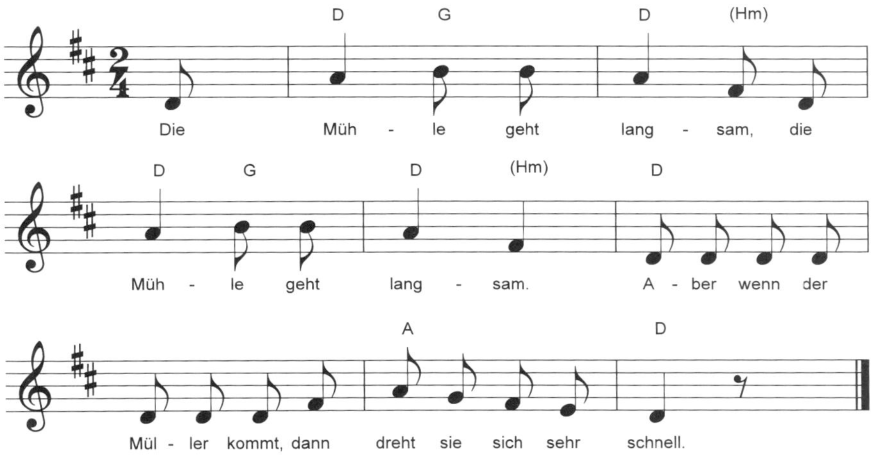

Bewegungslied

Begleitung zum Lied

keins

ganze Gruppe

Gruppenraum

ca. 5 Minuten

Besonders spannend bei diesem Lied ist für die Kinder der Unterschied zwischen dem langsamen und schnellen Drehen. Machen Sie dies auch durch Bewegungen sichtbar: Drehen Sie die Unterarme erst langsam, dann schnell umeinander. Viel Freude haben die Kinder an sich wiederholenden Tempowechseln, wenn das Lied mehrmals hintereinander gesungen wird.

Variation:

Auch auf dem Wickeltisch kann sich die Mühle drehen. Nehmen Sie dafür die Beine des Kindes in Ihre Hände, und bewegen Sie sie wie beim „Fahrradfahren" vorsichtig im Kreis, während Sie das Lied singen.

Variation für Könner:

Kinder, die schon gut laufen können, spielen das Mühlenlied gerne als Kreisspiel. Hierzu fassen sich alle an den Händen und bilden einen Kreis. Legen Sie eine Tanzrichtung fest, und gehen Sie zunächst wieder langsam, dann schneller im Kreis herum.
Spielen Sie mit nur einem Kind, so fassen Sie es unter den Achseln und drehen es herum.

Kommt, wir wollen tanzen

Tanzspiel

Musik

alle Kinder, die schon laufen können

Bewegungsraum

ca. 10 Minuten

Die meisten Kinder fangen ganz von selbst an, sich zu bewegen, wenn sie Musik hören. Lassen Sie Ihre Gruppe zu ganz unterschiedlichen Musikstücken frei tanzen. Besonders gut eignet sich Instrumentalmusik, weil hierbei kein gesungener Text von den Melodien ablenkt. Sie können aber auch ganz normale „Erwachsenen-Musik" zum Tanzen verwenden, z.B. den aktuellen Hit aus dem Radio. Manchmal kennen die Kinder diesen bereits von zu Hause und sind dann mit Feuereifer bei der Sache.

Variation:

Mit Tüchern oder Luftballons tanzen viele Kinder besonders gerne.

Variation für Könner:

Ältere Kinder haben schon viel Freude am Stopptanz. Spielen Sie das beliebte Spiel in einer vereinfachten Form: Solange die Musik läuft, bewegt sich jeder so, wie er möchte. Halten Sie dann die Musik an, und rufen Sie zusätzlich „Stopp!". Die Kinder halten kurz inne und tanzen bei Wiedereinsetzen der Musik weiter. Das Stillstehen sollte nicht allzu streng gesehen werden, und natürlich scheidet in dieser Altersstufe auch kein Kind aus. Einen Gewinner braucht die Gruppe sowieso nicht, wichtig ist allein die Freude an der Bewegung.

13

Lied

Heißa, lustig, ich bin Hans

Melodie und Text: überliefert

Spiel zum Lied

Bewegungsspiel

keins

alle Kinder, die schon laufen können

Bewegungsraum

ca. 5 Minuten

Die Kinder laufen während der ersten Zeile des Liedes im Takt durch den Raum. Bei „... und du bist mein Hänschen" sucht sich jedes einen Tanzpartner aus. Die beiden fassen sich an und tanzen gemeinsam, bis das Lied zu Ende ist.

Variation:

Verteilen Sie Kärtchen mit Symbolen, z.B. aus einem Memo-Spiel, an die Kinder. Jedes Symbol muss doppelt vorkommen. Die Kinder halten ihr eigenes Bild so, dass alle anderen es sehen können. Sie gehen durch den Raum und suchen denjenigen, der das gleiche Bild trägt. Die beiden Kinder sind dann für diese Runde Hans und Hänschen, also Tanzpartner.

Variation für Könner:

Teilen Sie die Kinder auf in Tänzer und Musikanten. Die Musikanten bekommen alle ein Instrument und setzen sich damit an die Seite. Die Tänzer singen und tanzen das Lied wie zuvor. Bei „trallali, trallala" beginnen die Musikanten, den Gesang auf ihren Instrumenten zu begleiten.

14

Lied

Wir fahr'n mit der Eisenbahn

Melodie: überliefert
Text: Kati Breuer

Wir fahr'n mit der Eisenbahn,
Eisenbahn, Eisenbahn
Lars, willst du mit uns fahr'n?
Steig doch ein!

Wir fahr'n mit der Eisenbahn,
Eisenbahn, Eisenbahn
Leonie, willst du mit uns fahr'n?
Steig doch ein!

Wir fahr'n mit der Eisenbahn,
Eisenbahn, Eisenbahn
Timo, willst du mit uns fahr'n?
Steig doch ein!

Spiel zum Lied

keins

alle Kinder, die schon laufen können

Gruppenraum

ca. 10 Minuten

Bilden Sie mit den Kindern einen Kreis. Ein Kind spielt die Lokomotive und „fährt" im Kreis herum. Es sucht sich bei „Tessa, willst du mit uns fahr'n" ein weiteres Kind aus, welches sich in der nächsten Runde an den Schultern der Lokomotive festhält. Nach und nach hängen sich alle Kinder an, bis eine lange Kinderschlange als Zug durch den Raum „fährt".

Tipp:

Spielen Sie das Spiel doch auch einmal als Abschluss einer Aktivität. So können Sie die Kinder nach dem Turnen oder dem Spielen im Garten wieder „einsammeln" und gemeinsam in den Gruppenraum zurück „fahren".

Variation:

Schieben Sie eine Spielzeugeisenbahn im Kreis herum. Bei „Tessa, willst du mit uns fahr'n" hält die Bahn vor einem Kind an, das die nächste Schieberunde übernehmen darf.

Variation für Könner:

Erzählen Sie den Kindern eine Geschichte von einer Eisenbahn, die mal langsam, mal schneller unterwegs ist, auch manchmal Kurven fahren muss, plötzlich stehen bleibt, rückwärts fährt usw. Die Kinder spielen die Geschichte mit Bewegungen und den passenden Geräuschen (tsch-tsch-tsch) mit.

Mitmachgeschichte

Wir wandern

keins

ganze Gruppe

Bewegungsraum

ca. 5 Minuten

Während Sie den Kindern diese oder eine ähnliche Geschichte erzählen, machen Sie gemeinsam die Bewegungen mit:

Wir wollen heute wandern. Dafür packen wir unseren Rucksack und setzen ihn auf. (Rucksack pantomimisch packen und aufsetzen)

Und auch den Sonnenhut. (aufsetzen)

Jetzt geht es los. (auf der Stelle gehen)

Die Sonne scheint schon ganz schön warm. (weitergehen)

Wir machen eine Pause. (anhalten)

Zum Glück haben wir etwas zu trinken dabei. (Rucksack absetzen)

Wir gießen uns ein Glas Wasser ein. (gießen, dann trinken)

Ja, das tut gut. Wir setzen den Rucksack wieder auf. (aufsetzen)

Und gehen weiter. (gehen)

Da ist ein kleiner Fluss. Wir springen einfach drüber. (springen)

Schaut mal, ein Baumstamm liegt auf dem Weg. Jetzt müssen wir klettern, damit wir weiterkönnen. (klettern)

Puh, war das anstrengend. (über die Stirn wischen)

So langsam reicht es uns, und wir wollen wieder zurück. (gehen)

Wir nehmen einen anderen Weg. Hier ist der Fluss zu breit zum Drüberspringen. Aber da liegen ein paar Steine, auf die wir steigen können. (große Schritte machen)

Endlich sind wir wieder zu Hause. Wir nehmen den Rucksack ab und ruhen uns erstmal aus. (Rucksack abnehmen und hinlegen)

Wir klatschen in die Hände

15

Lied

Melodie: überliefert
Text: Kati Breuer

Wir klatschen in die Hände
Und dreh'n uns einmal um
Wir klatschen laut, wir klatschen leis'
Zusammen hier im Kreis

Wir klatschen in die Hände
Und hüpfen hin und her
Wir klatschen laut, wir klatschen leis'
Zusammen hier im Kreis

Wir klatschen in die Hände
Und stampfen auch dazu
Wir klatschen laut, wir klatschen leis'
Zusammen hier im Kreis

Wir klatschen in die Hände
Und bleiben wieder steh'n
Wir klatschen laut, wir klatschen leis'
Zusammen hier im Kreis.

Bewegungsspiel

Begleitung zum Lied

keins

alle Kinder, die schon laufen können

Gruppenraum

ca. 5 Minuten

Bilden Sie mit den Kindern einen Kreis, ohne sich anzufassen. Machen Sie dann die dem Text entsprechenden Bewegungen, und klatschen Sie je nachdem mal laut und mal leise.

Rhythmusspiel

Klatschen, patschen, stampfen, stehen

keins

alle Kinder, die schon laufen können

Gruppenraum

ca. 5 Minuten

Sprechen Sie gemeinsam folgenden Vers immer wieder von vorn, und führen Sie die angegebenen Bewegungen aus:

Klatschen (2-mal) *Patschen* (2-mal auf die Oberschenkel)
Stampfen (2-mal) *Stehen* (ruhig stehen bleiben)
Klatschen (2-mal) *Patschen* (2-mal auf die Oberschenkel)
Stampfen (2-mal) *Drehen* (sich um sich selbst drehen)

Je schneller Sie sprechen und sich dazu bewegen, desto mehr Spaß macht es.

Ball, roll herbei

mehrere Bälle

ganze Gruppe

Bewegungsraum

ca. 5 Minuten

Die Kinder setzen sich in zwei Reihen einander gegenüber. Je jünger sie sind, desto geringer sollte der Abstand der beiden Gruppen sein.

Die eine Gruppe hält die Bälle fest. Die zweite Gruppe spricht und klatscht:

1, 2, 3
Ball, roll herbei!

Die Kinder aus der ersten Gruppe rollen ihre Bälle auf die andere Seite. Jetzt hält diese Gruppe alle Bälle fest, während die andere klatscht und spricht.

Tipp:

Leichter geht es, wenn jede Gruppe durch einen Erwachsenen unterstützt wird.

Rhythmusspiel

Ein Ball als Instrument

Bälle

5–6 Kinder

Bewegungsraum

ca. 5 Minuten

Die Kinder setzen sich auf den Boden und klemmen sich einen Ball so zwischen die Beine, dass er nicht wegrollen kann. Mit den flachen Händen können sie nun auf dem Spielgerät „trommeln“. Bälle in verschiedenen Größen und aus unterschiedlichem Material ergeben immer neue Töne.

Variation:

Statt mit den Händen bespielen die Kinder den Ball mit Schlägeln.

Instrumentenspiel

Wir machen Ballmusik

Musikinstrumente, Tischtennisbälle

5–6 Kinder

Bewegungsraum

ca. 10 Minuten

Stellen Sie unterschiedliche Musikinstrumente auf den Boden. Jedes Kind bekommt ein oder zwei Tischtennisbälle und darf ausprobieren, wie sich damit Töne erzeugen lassen: Man kann den Ball in einer umgedrehten Handtrommel kreisen oder springen lassen, ihn über die Plättchen eines Glockenspiels rollen, ihn von oben auf eine Holzblocktrommel fallen lassen und vieles mehr. Sicher haben die Kinder selbst noch viel mehr Ideen.

Der springende, klingende Ball

gut springender Ball, für jedes Kind eine Rassel

ganze Gruppe

Bewegungsraum

ca. 5 Minuten

Die Kinder verteilen sich so im Raum, dass alle Sie gut sehen können. Jedes bekommt eine Rassel. Lassen Sie den Ball einmal auf den Boden prallen. Solange er springt, rasseln die Kinder. Vielleicht möchten sie die Bewegung des Balles auch mit dem ganzen Körper nachvollziehen, indem sie selber hüpfen und springen.

Variation:

Nacheinander darf jedes Kind einmal den Ball springen lassen. Wem das noch nicht so gut gelingt, dem leisten Sie Hilfestellung, indem Sie den Ball gemeinsam prellen.

Mitmachgeschichte

Kleine Ballmassage

für jedes Kind einen nicht zu großen Ball

5–6 Kinder

Bewegungsraum

ca. 10 Minuten

Die Kinder spielen eine Weile frei mit ihrem Ball und kommen dann zum Sitzkreis zusammen. Sprechen Sie gemeinsam den Vers, und zeigen Sie den Kindern, wie sie den Ball mit einer Hand auf dem jeweils genannten Körperteil entlang rollen können.

Wir wollen, wir wollen
Diesen Ball mal rollen
Rollen auf den Armen

Wir wollen, wir wollen
Diesen Ball mal rollen
Rollen auf den Beinen

Wir wollen, wir wollen
Diesen Ball mal rollen
Rollen auf dem Bauch

Wir wollen, wir wollen
Diesen Ball mal rollen
Rollen auf dem Rücken

Wir wollen, wir wollen
Diesen Ball mal rollen
Rollen auf dem Kopf

Tipp:

Probieren Sie die Massage auch einmal mit Kastanien aus.

4

Herbstzeit, Laternenzeit

Wenn die Tage kürzer werden und das Wetter nicht mehr so schön ist, bietet das Singen und Musizieren den Kindern eine fröhliche Abwechslung. Bewegungsspiele sorgen für den nötigen Ausgleich an einem grauen Regentag, und beim Laternelaufen strahlen die Kindergesichter.

Es regnet, es regnet

Melodie und Text: Kati Breuer

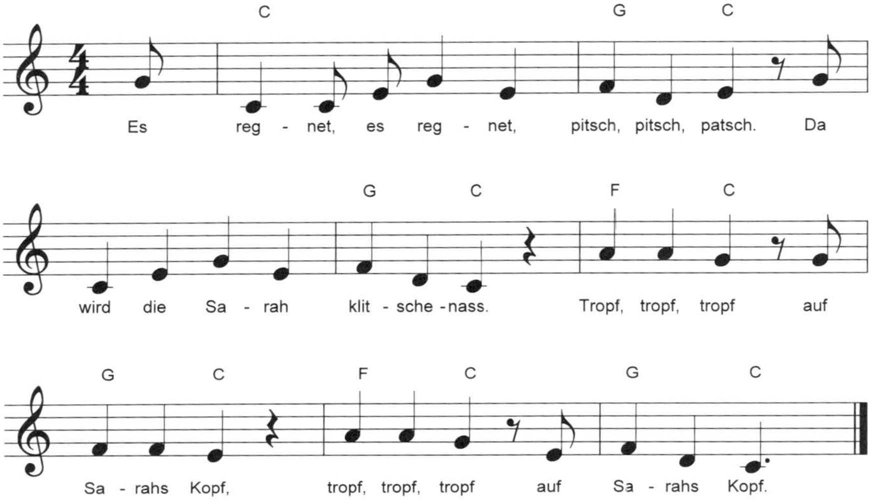

Es regnet, es regnet,
Pitsch, pitsch, patsch
Da wird der Timo klitschenass
Tropf tropf tropf, auf Timos Kopf
Tropf tropf tropf, auf Timos Kopf

Es regnet, es regnet,
Pitsch, pitsch, patsch
Da wird die Johanna klitschenass
Tropf tropf tropf, auf Johannas Kopf
Tropf tropf tropf, auf Johannas Kopf

Es regnet, es regnet,
Pitsch, pitsch, patsch
Da wird der Leon klitschenass
Tropf tropf tropf, auf Leons Kopf
Tropf tropf tropf, auf Leons Kopf

Begleitung zum Lied

Bewegungsspiel

keins | 5–6 Kinder

Gruppenraum | ca. 5 Minuten

Singen Sie das Lied mit den Kindern, indem Sie reihum die Namen einsetzen. Bei „Es regnet, es regnet" zappeln Sie mit den Fingern als Regentropfen durch die Luft. Bei „Tropf, tropf, tropf" klopfen Sie dem angesprochenen Kind sanft mit den Fingerspitzen auf den Kopf.

Variation für Könner:

Die Kinder klopfen zum Lied mit den Fingerspitzen vorsichtig auf Trommeln, Pappkartons, Möbel oder den Fußboden.

Zehn kleine Regentropfen

Instrumentenspiel

keins | ganze Gruppe

Gruppenraum | ca. 5 Minuten

Texten Sie das bekannte Spiel „Zehn kleine Zappelmänner" um, und zappeln Sie mit den Fingern entsprechend zum Text:

Zehn kleine Regentropfen tropfen hin und her
Zehn kleinen Regentropfen fällt das gar nicht schwer … usw.

Instrumentenspiel

Mit dem Regenmacher spielen

Regenmacher | *5–6 Kinder*

Gruppenraum | *ca. 5 Minuten*

Setzen Sie sich mit den Kindern auf den Boden, und geben Sie das Instrument im Kreis herum. Jedes Kind darf es einmal „regnen“ lassen. Im Anschluss daran können Sie „Es regnet, es regnet“ (oder ein anderes Regenlied) singen. Singen Sie so viele Durchgänge, wie Kinder da sind, und lassen bei jeder Wiederholung ein anderes Kind die Regengeräusche machen.

Tipp:

Wenn Sie in Ihrer Einrichtung keinen Regenmacher haben, können Sie ganz einfach selbst einen basteln. Eine Anleitung dazu finden Sie in diesem Kapitel.

Sprechvers

Regenvers

Regenschirm | *5–6 Kinder*

Gruppenraum | *ca. 5 Minuten*

Setzen Sie sich mit den Kindern unter dem aufgespannten Regenschirm ganz dicht zusammen, damit niemand nass wird, und sprechen Sie den Vers:

Tropf, tropf, tropf und klopf, klopf, klopf
Auf meinen Schirm und meinen Kopf.

Regenmacher

Pappröhre (z.B. eine leere Rolle Küchenpapier), reichlich Nägel, Reis, Stoffreste, Hammer, Material zum Bekleben und Verzieren

Basteltisch

ein Kind

ca. 15 Minuten

Bereiten Sie den Regenmacher so vor, dass die Kinder ihn nur noch verzieren müssen. Dazu schlagen Sie die Nägel spiralförmig in die Pappröhre. Die Länge der Nägel sollte dem Durchmesser der Röhre entsprechen. Anschließend verkleben Sie ein Ende der Röhre mit Stoffresten. Füllen Sie nun etwa eine Tasse Reis in die Röhre, und verkleben Sie auch das andere Ende mit Stoffresten. Damit die Kinder sich nicht verletzen können, sollten Sie den Regenmacher ringsum mit Papier oder Stoff bekleben, damit alle Nägel verdeckt sind und keine scharfen Ecken mehr zu spüren sind. Nun kann der Regenmacher von einem Kind oder mehreren gemeinsam verziert werden.

Geräuschespiel

Tropfenmusik

Löffel, Schöpfkelle, Plastikflaschen, Becher usw.

2–3 Kinder

Waschraum

ca. 10 Minuten

Stellen Sie den Kindern allerlei Material zum Spielen im Wasser zur Verfügung, und füllen Sie das Waschbecken. Die Kinder können dann das Wasser ein- und umfüllen, darin rühren, es gießen und tröpfeln lassen. Wenn Sie möchten, sprechen Sie dazu einen kleinen Vers:

Tropf, tropf, tropf
Klopf, klopf, klopf
Pitsch und Patsch
Alles nass.

Instrumentenbau

Wasserplitschen herstellen

leere Plastikbehälter mit Deckel, Wasser

2–3 Kinder

Waschraum

ca. 5 Minuten

Füllen Sie gemeinsam mit den Kindern die Gefäße mit nicht zu viel Wasser, und verschließen Sie sie wasserdicht mit dem Deckel. Wenn man die Behälter jetzt vorsichtig schüttelt, hört man das Wasser im Inneren dieser Wasserplitschen hin und her schwappen. Hiermit können Sie Regenlieder und -verse begleiten.

Regen regnet jeden Tag

Sprachspiel

keins

ganze Gruppe

Gruppenraum

ca. 5 Minuten

Die Kinder klopfen bei diesem Vers mit den Fingern auf den Boden als Regentropfen. Bei „aufgehört" stoppen sie die Geräusche. Natürlich können Sie den Vers auch mit Instrumenten begleiten und dabei durch den Raum gehen.

Regen regnet jeden Tag
Regnet bis zum Donnerstag
Donnerstag hat`s aufgehört
Denn ich habe mich beschwert!

Auf Sonne folgt Regen

Instrumentenspiel

eine Sonne und eine Regenwolke aus Pappe, Instrumente

ganze Gruppe

Gruppenraum

ca. 5 Minuten

Jedes Kind bekommt ein Instrument. Setzen Sie sich so hin, dass alle Kinder Sie gut sehen können. Halten Sie dann abwechselnd die Papptafeln hoch. Ist die Regenwolke zu sehen, machen die Kinder Regengeräusche auf ihren Instrumenten. Zeigen Sie jedoch die Sonne, sind die Instrumente still.

17

Lied

Der Wind, der Wind

Melodie und Text: Kati Breuer

Spiel zum Lied

für jedes Kind ein Chiffontuch

alle Kinder, die schon laufen können

Bewegungsraum

ca. 15 Minuten

Setzen Sie sich gemeinsam in einen Kreis, und singen Sie das Windlied. Jedes Kind schwenkt dabei ein Tuch als „Wind". Lassen Sie die Kinder danach noch eine Weile frei mit den Tüchern spielen.

Variation für Könner:

Das Windlied können Sie zu einem einfachen Kreistanz ausgestalten:

Der Wind, der Wind
Der Wind saust hin und her
(langsam im Kreis herumgehen)

Geschwind, geschwind,
Er pustet immer mehr
(die Richtung wechseln und schneller im Kreis herumgehen)

Er saust durch alle Straßen
Und weht um unsre Nasen
(stehen bleiben und loslassen, mit der Hand den Wind andeuten, an die Nase fassen)

Der Wind, der Wind
Der saust heut' ganz geschwind
(wieder anfassen und schnell im Kreis herumgehen)

Herbstwind

für jedes Kind eine leere Toilettenpapierrolle

ganze Gruppe

Gruppenraum

ca. 5 Minuten

Erzählen Sie den Kindern die Geschichte vom Herbstwind. Jedes darf an den entsprechenden Stellen in seine Toilettenpapierrolle heulen und damit das Windgeräusch nachmachen.

Im Herbst, da heult der Wind um die Ecke. (heulen)
Aber im Haus ist es still. (still sein)
Die Blätter sausen durch die Straßen. (heulen)
Aber im Haus ist es still. (still sein)
Der Wind pustet immer stärker. (heulen)
Aber im Haus ist es still. (still sein)
Da kommen ganz viele Kinder ins Zimmer gelaufen. (trampeln)
Sie spielen Herbstwind.
Jetzt ist es im Haus gar nicht mehr still. (heulen)

Tipp:

Bekleben Sie eine Seite der Papprolle mit einem passend zurechtgeschnittenen Stück Butterbrot- oder Transparentpapier. Wenn die Kinder dann von der offenen Seite aus in die Rolle heulen oder sprechen, schwingt das Papier, und die Stimme klingt verstärkt. Das macht den Kindern meist einen Heidenspaß.

Was holen wir im Herbst in die Stube?

18

Lied

Melodie und Text: Kati Breuer

Was holen wir im Herbst in die Stube hinein?
Was holen wir im Herbst in die Stube hinein?
Bunte, raschelnde Blätter, bunte, raschelnde Blätter
Die holen wir im Herbst in die Stube hinein

… kleine, braune Eicheln …

… braune, pieksige Tannenzapfen …

Sinnesübung

Begleitung zum Lied

Naturmaterialien, einen Korb

5–6 Kinder

Gruppenraum

ca. 5 Minuten

Legen Sie die Naturmaterialien zusammen in den Korb oder die Kiste, und zeigen Sie den Kindern immer den einen Gegenstand, den Sie gerade besingen. Je nach Alter und Zusammensetzung Ihrer Gruppe können Sie natürlich auch zunächst mit nur einem oder zwei Materialien beginnen und den Text erst nach und nach erweitern. Lassen Sie die Kinder nach Möglichkeit anschließend unter Aufsicht das Material betrachten, betasten, riechen und damit spielen. Hier können Sie die Eigenschaften der Dinge gut noch einmal nennen: Die Kastanien sind glatt, die Blätter sind trocken und rascheln, der Tannenzapfen piekst ein bisschen auf der Hand usw.

Spiel

Materialbäder

Schuhkartons oder Plastikschüsseln, Naturmaterialien

2–3 Kinder

Gruppenraum

ca. 5 Minuten

Sortieren Sie die gefundenen Naturmaterialien in die Kartons oder Schüsseln, sodass jeder Behälter nur eine Sorte enthält. Die Kinder können dann ihre Hände in den Dingen „baden“, sie von einer Hand in die andere geben oder geräuschvoll in dem Behälter „rühren“.

Im Herbst da fall'n vom Baum

Rhythmusspiel

für jedes Kind eine Trommel, Kastanien, Behälter mit Deckel

5–6 Kinder

Gruppenraum

ca. 5 Minuten

Jedes Kind bekommt eine Trommel, Sie selbst sollten auch eine in der Hand haben. Sprechen Sie langsam das Gedicht, und schlagen Sie immer bei den letzten drei Silben auf die Trommel: Baum, Baum, Baum – braun, braun, braun usw.

Im Herbst, da fall'n vom Baum, Baum, Baum
Kastanien, glatt und braun, braun, braun
Die sammeln wir dann ein, ein, ein
Und nehmen sie mit heim, heim, heim
Drei Tüten sind schon voll, voll, voll
Kastanien, die sind toll, toll, toll
Wir sammeln immer mehr, mehr, mehr
Die Tüten werden schwer, schwer, schwer
Wir tragen sie nach Haus, Haus, Haus
Und packen sie dort aus, aus, aus
Zum Spielen sind sie fein, fein, fein
Und dies soll'n eure sein, sein, sein

Zum Schluss („Und dies soll'n eure sein, sein, sein") schütten Sie die bis jetzt versteckten Kastanien in die Mitte des Kreises. Lassen Sie die Kinder eine Weile damit spielen, bevor sie wieder eingesammelt werden.

Tipp:

Sie können das Gedicht ganz leicht abändern, wenn Sie es lieber mit Eicheln oder Tannenzapfen spielen wollen.

Klanggeschichte

Die Blätter rascheln im Wind

für jedes Kind eine Rassel

5–6 Kinder

Gruppenraum

ca. 5 Minuten

Jedes Kind bekommt eine Rassel. Erzählen Sie dann die kurze Geschichte von den Blättern, und fordern Sie die Kinder dazu auf, laut und leise mitzurasseln. Aber Vorsicht, es gibt auch eine Textstelle, an der man still sein muss. Da heißt es gut aufpassen.

Die Blätter rascheln im Wind. Sie rascheln leise. (leise rasseln)

Da kommt der Wind und pustet durch die Äste. Die Blätter rascheln laut. (laut rasseln)

Jetzt hört der Wind auf, zu blasen, und die Blätter sind ganz still. (still sein)

Variation:

Sie können die Kinder statt mit Rasseln natürlich auch mit echten Blättern die Geräusche machen lassen. Bedenken Sie dabei, dass die Blätter vermutlich nicht in ihrer Kiste bleiben, sondern sich im Raum verteilen werden. Das anschließende Aufsammeln macht den Kindern aber häufig fast ebenso viel Spaß wie das Spielen vorher. Vielleicht haben Sie ja sogar genug Platz, um die Blätter hochzuwerfen und so richtig „fliegen" zu lassen.

Wir geh'n mit dir so gerne

19

Lied

Melodie und Text: Kati Breuer

Bewegungsspiel

Begleitung zum Lied

für jedes Kind eine Laterne

alle Kinder, die schon laufen können

Gruppenraum, später im Freien

ca. 10 Minuten

Singen Sie mit den Kindern die Laternenlieder, und lassen Sie sie dazu mit den noch nicht angezündeten Laternen im Raum herumgehen.

Fingerspiel

Laternen-Fingerspiel

keins

ganze Gruppe

Gruppenraum

ca. 5 Minuten

Fünf Kinder wollen Laterne gehen

Hier siehst du sie an der Straße stehen (mit den Fingern wackeln)

Die erste Laterne ist kugelrund (Daumen zeigen)

Die zweite Laterne ist kunterbunt (Zeigefinger zeigen)

Die dritte Laterne hat rote Streifen (Mittelfinger zeigen)

Die vierte Laterne ist rund wie ein Reifen (Ringfinger zeigen)

Die fünfte Laterne gehört dem kleinen Mann (kleinen Finger zeigen)

Und der zündet alle Kerzen an (eine Faust machen und dann nacheinander alle Finger hochstrecken)

5

Winter und Weihnachten

Die Winter- und Adventszeit ist in vielen Familien traditionell auch die Zeit des gemeinsamen Musizierens. Besonders spannend für die Kleinen ist dabei natürlich die Zeit vor Weihnachten. Singen Sie mit den Kindern alte und neue Weihnachtslieder, und staunen Sie gemeinsam über Schneeflocken und Eisblumen.

20

Lied

Ach, du liebe Winterzeit

Melodie und Text: Kati Breuer

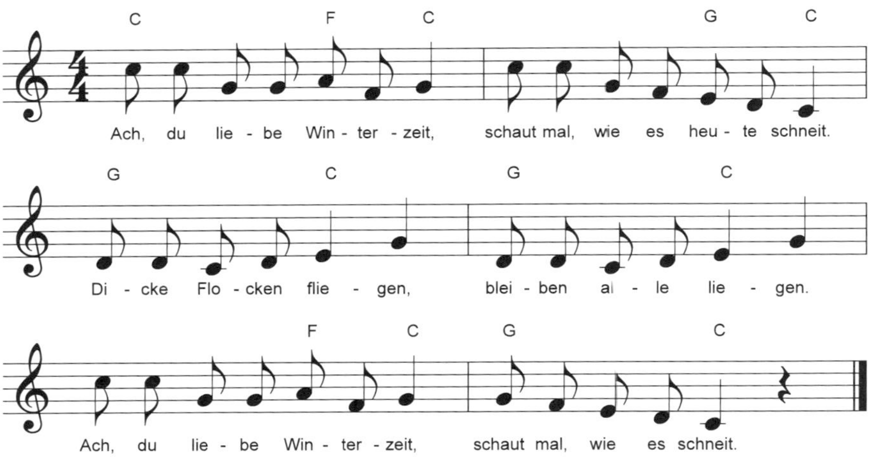

Ach, du liebe Winterzeit
Schaut mal, wie es heute schneit
Flocken ohne Pause
Tanzen vor dem Hause
Ach, du liebe Winterzeit
Schaut mal, wie es schneit

Spiel zum Lied

weiße Tücher, Watte oder Seidenpapier, evtl. Musik

ganze Gruppe

Bewegungsraum

ca. 10 Minuten

Auch im Haus können die Kinder es einmal schneien lassen. Stellen Sie ihnen dafür weißes Spielmaterial zur Verfügung, mit dem im Bewegungsraum experimentiert werden darf. Sie können dabei das Schneelied singen oder auch eine Musik-CD laufen lassen. Am besten eignet sich hier instrumentale Musik.
Die Kinder werfen, rollen, schießen, knüllen, vergleichen, ordnen den „Schnee", der ja zum Glück nicht kalt ist. Bestimmt haben sie selber viele Ideen.

Variation für Könner:

Die Kinder sammeln so viel „Schnee" auf, wie sie tragen können. Auf das Kommando:

„Alle bereit – und es schneit!"

werfen sie gleichzeitig das ganze Material in Luft. Das macht einen Heidenspaß! Vermutlich müssen Sie die Aktion einige Male üben, bis der Schnee wirklich gleichzeitig fliegt. Zum Schluss sammeln die Kinder den ganzen „Schnee" wieder ein.

Klanggeschichte

Schneeflocken fallen

für jedes Kind ein Glöckchen (am besten solche mit einem Griff aus Holz)

5–6 Kinder

Gruppenraum

ca. 5 Minuten

Die Kinder spielen mit den Glöckchen wie angegeben zu dem kleinen Vers.

Schneeflocken fallen
Seht nur, wie es schneit (mit den Glöckchen spielen)
Jetzt hat unser Garten
Ein schönes, weißes Kleid. (still sein)

Variation:

Statt mit Instrumenten können die Kinder den Vers auch mit Bewegungen begleiten:

Schneeflocken fallen
(langsam mit den Fingern von oben nach unten zappeln)

Seht mal, wie es schneit
(Hand suchend über die Augen legen)

Jetzt hat unser Garten
(Zeigegeste mit der Hand)

Ein schönes, weißes Kleid!
(pantomimisch anziehen)

Morgen woll'n wir Schlitten fahren

Melodie und Text: überliefert

Morgen woll'n wir Schlitten fahren
Morgen um halb neune
Spann' ich meinen Schimmel an
Fahre nicht alleine
Ganz alleine mag ich nicht
Nehme mir den Yannick mit

Morgen woll'n wir Schlitten fahren
Morgen um halb neune
Spann' ich meinen Schimmel an
Fahre nicht alleine
Ganz alleine mag ich nicht
Nehme mir die Laura mit

Morgen woll'n wir Schlitten fahren
Morgen um halb neune
Spann' ich meinen Schimmel an
Fahre nicht alleine
Ganz alleine mag ich nicht
Nehme mir den Simon mit

Kreisspiel

Spiel zum Lied

keins

alle Kinder, die schon laufen können

Gruppenraum

ca. 5 Minuten

Das Schlittenlied können Sie als Kreisspiel mit den Kindern spielen. Stellen oder setzen Sie sich gemeinsam in einen Kreis. Ein Kind geht in der Mitte herum und sucht sich bei „… da nehm' ich mir die Lisa mit" ein neues Kind aus. Entweder geht dieses dann für die nächste Runde alleine in die Mitte, oder es hängt sich an das erste Kind an, sodass nach und nach eine lange Kinderschlange entsteht.

Tipp:

Ändern Sie das Lied passend zu den Jahreszeiten ab. Im Frühling heißt es dann z.B. „Morgen geh'n wir Blumen pflücken", im Sommer vielleicht „Morgen geh'n wir Kutsche fahren" und im Herbst „Morgen geh'n wir Blätter sammeln".

Sind Sie mit den Kindern gerade tatsächlich draußen im Schnee und wollen Schlitten fahren, so singen Sie am besten:

Heute woll'n wir Schlitten fahren
Heute um halb neune
Spannen unser'n Schimmel an
Fahren nicht alleine
Ganz alleine fahr'n wir nicht
Nehmen alle Kinder mit.

Wir bauen einen Schneemann

Melodie und Text: Kati Breuer

Wir rollen eine Kugel
Tralalalala
Wir rollen eine Kugel
Tralalalala

Und dann die zweite Kugel
Tralalalala
Und dann die zweite Kugel
Tralalalala

Und dann die dritte Kugel
Tralalalala
Und dann die dritte Kugel
Tralalalala

Die Nase ist 'ne Möhre
Tralalalala
Die Nase ist 'ne Möhre
Tralalalala

Aus Steinen werden Knöpfe
Tralalalala
Aus Steinen werden Knöpfe
Tralalalala

Jetzt ist der Schneemann fertig
Tralalalala
Jetzt ist der Schneemann fertig
Tralalalala

Bewegungsspiel

Begleitung zum Lied

keins

ganze Gruppe

Gruppenraum

ca. 5 Minuten

Das Lied vom Schneemann können die Kinder gut pantomimisch darstellen. In der ersten Strophe zeigen sie mit den Händen die Form des Schneemanns, rollen in den folgenden Strophen die dicken Schneekugeln für den Körper. Nase und Steine werden pantomimisch angesetzt, und in der letzten Strophe klatschen die Kinder ihrem fertigen Schneemann Beifall.

Basteln

Ein Schneemann aus Knete

Stärkemehl, Vogelsand, Wasser

2–3 Kinder

Basteltisch

ca. 10 Minuten

Mischen Sie einen Teil Stärkemehl und zwei Teile Vogelsand in einem Kochtopf, und geben Sie einen Teil Wasser hinzu. Erwärmen Sie die Masse, und rühren Sie, bis sie dick wird. Vor der Verwendung muss die Knete etwas abkühlen. Sie fühlt sich durch den Sand etwas kräftiger, griffiger an als gekaufte.

Die Kinder können die Knete nun zu Schneemännern rollen. Lassen Sie diese für einige Tage an der Luft trocknen, um sie haltbar zu machen.

Im Winter ist es kalt

Bewegungsspiel

keins

alle Kinder, die schon laufen können

Bewegungsraum

ca. 5 Minuten

Gehen Sie mit den Kindern im Rhythmus auf der Stelle, während Sie den Text sprechen:

Geh'n im Winter wir spazieren
Unsre Füße schrecklich frieren
Kommt und lasst uns stampfen. (stampfen)

Geh'n im Winter wir spazieren
Unsre Füße schrecklich frieren
Kommt und lasst uns hüpfen. (auf der Stelle hüpfen)

Geh'n im Winter wir spazieren
Unsre Füße schrecklich frieren
Kommt und nehmt die Zehenspitzen. (auf Zehenspitzen gehen)

Geh'n im Winter wir spazieren
Unsre Füße schrecklich frieren
Kommt und lasst uns schneller geh'n. (schneller werden)

Geh'n im Winter wir spazieren
Unsre Füße schrecklich frieren
Kommt, lasst uns noch schneller geh'n. (noch schneller werden)

Schneller, schneller, immer schneller (noch schneller werden)
Puh, jetzt sind die Füße warm!

Schneeballrasseln

kleine Dose, Perlen, Haushaltspapier, Tapetenkleister

ein Kind

Basteltisch

ca. 10 Minuten

Helfen Sie dem Kind dabei, einige Perlen in die kleine Dose zu füllen und diese gut zu verschließen. Umhüllen Sie dann gemeinsam die Dose mit einigen Schichten gut eingekleistertem Haushaltspapier. Formen Sie das feuchte Papier so, dass ein „Schneeball" entsteht. Er muss einige Tage trocknen und wird dabei ganz leicht. Mit den Schneeballrasseln können die Kinder alle Winter- und Weihnachtslieder begleiten.

Variation:

Stellen Sie aus Turngeräten, Kissen o.Ä. einen kleinen Parcours zusammen. Wer kann ihn überwinden, ohne dass man es rasseln hört?

Variation für Könner:

Die Kinder bewegen sich durch den Raum. Jedes hält eine Schneeballrassel (oder eine andere Rassel) in der Hand. Wenn Sie rufen: „Leise, ganz leise!", versucht jedes Kind, seine Rassel vollkommen still zu halten. Wer schafft es, sich weiterzubewegen, ohne dass man die Rassel hört? Lösen Sie die Spannung recht schnell wieder auf, indem Sie in die Hände klatschen. Jetzt können die Kinder sich wieder frei bewegen. Je schneller Sie zwischen leise und laut wechseln, desto schwieriger wird es, macht aber auch umso mehr Spaß.

Advent, Advent

23

Lied

Melodie und Text: Kati Breuer

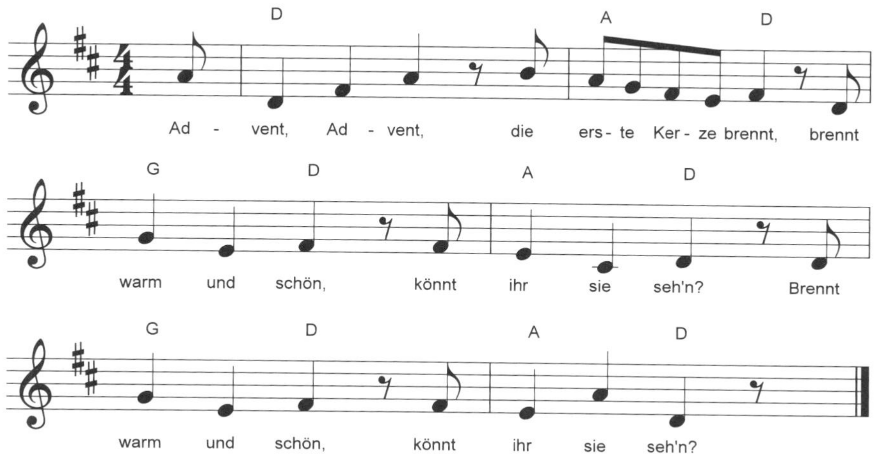

Advent, Advent
Die zweite Kerze brennt
Brennt warm und schön
Könnt ihr sie seh'n?

Advent, Advent
Die dritte Kerze brennt
Brennt warm und schön
Könnt ihr sie seh'n?

Advent, Advent
Die vierte Kerze brennt
Brennt warm und schön
Könnt ihr sie seh'n?

Tipp:

Da in den meisten Einrichtungen echte Kerzen aus Sicherheitsgründen verboten sind, empfiehlt es sich, einfach welche aus Tonkarton herzustellen. Wenn Sie dann in der Weihnachtszeit mit den Kindern singen, können Sie immer die passende Anzahl Kerzen aufstellen oder -hängen.

Sprachspiel

Lieber, guter Weihnachtsmann

keins	*ganze Gruppe*
Gruppenraum	*ca. 5 Minuten*

Die Kinder stellen den folgenden Vers dar, indem sie pantomimisch die Stiefel anziehen und den Bart kämmen. Letzteres finden sie oft besonders witzig. Die Weihnachtsfahrt wird durch das pantomimische Halten von Zügeln angedeutet.

Lieber, guter Weihnachtsmann
Zieh die langen Stiefel an
Kämme deinen weißen Bart
Mach dich auf die Weihnachtsfahrt!

Sprachspiel

Der Nikolaus klopft an

für jedes Kind eine Holzblocktrommel	*5–6 Kinder*
Gruppenraum	*ca. 5 Minuten*

Die Kinder übernehmen das Geräusch des Klopfens mit ihren Instrumenten.

Es klopft an unsrer Tür (Holzblocktrommel spielen)
„Wer ist da?" fragen wir
Es ist der Nikolaus
Er kommt in unser Haus

Nikolaus-Fingerspiel

keins

ganze Gruppe

Gruppenraum

ca. 5 Minuten

Hier in unser schönes Haus
(Hände als Dach zusammenlegen)

Kommt er heut', der Nikolaus
(mit zwei Fingern Schritte imitieren)

Auf dem Rücken huckepack trägt er einen schweren Sack
(pantomimisch den Sack tragen)

Packt jetzt die Geschenke aus – vielen Dank, Herr Nikolaus!
(pantomimisch auspacken)

24

Lied

Bald ist Weihnachten

Melodie und Text: Kati Breuer

Seht, die Kerze brennt, seht, die Kerze brennt
Seht, die Kerze brennt, da freuen wir uns sehr
Tralala, tralala, da freuen wir uns sehr
Tralala, tralala, da freuen wir uns sehr!

Steht der Tannenbaum, steht der Tannenbaum
Steht der Tannenbaum, da freuen wir uns sehr
Tralala, tralala, da freuen wir uns sehr
Tralala, tralala, da freuen wir uns sehr!

Tipp:

Die Kinder können das Lied mit Instrumenten begleiten. Natürlich darf auch getanzt werden. Die Kinder bilden dazu einen Kreis und gehen herum. Bei „Tralala …" bleiben sie stehen und klatschen. In der nächsten Strophe geht es dann andersherum im Kreis.

6

Frühling, Fasching, Ostern

Wenn die Natur aus dem Winterschlaf erwacht, steht der Frühling vor der Tür. Begeben Sie sich gemeinsam mit den Kindern auf die Suche nach dem Häschen in der Grube, bunten Ostereiern und ersten Frühblühern.

25

Lied

Frühlingslied

Melodie und Textbearbeitung: Kati Breuer

Tipp:

Ganz ähnlich und ebenfalls sehr beliebt bei Krippenkindern ist das Singspiel „Häschen in der Grube“.

Spiel zum Lied

Bewegungsspiel

Material	*keins*	Gruppengröße	*ganze Gruppe*
Ort	*Gruppenraum*	Dauer	*ca. 5 Minuten*

Die Kinder bilden einen großen Kreis. Ein Kind hockt als Hase in der Mitte. Die Kinder gehen, wie im Text vorgegeben, um den Hasen herum, schleichen auf den Zehenspitzen und schauen sich suchend um. Wenn am Ende der Hase aus dem Kreis heraushüpft, bleiben die übrigen Kinder stehen und klatschen.

Frühling ist's, die Vögel singen

Klanggeschichte

Material	*für jedes Kind ein Musikinstrument*	Gruppengröße	*5–6 Kinder*
Ort	*Gruppenraum*	Dauer	*ca. 5 Minuten*

Jedes Kind bekommt ein Musikinstrument. Sprechen Sie das Gedicht, und setzen Sie der Reihe nach die Namen der Kinder ein. Das angesprochene Kind spielt kurz auf seinem Instrument und legt es dann wieder auf den Boden.

Frühling ist's, die Vögel singen
Und man hört sie fröhlich klingen
Ein Vogel, der heißt Annika.

Frühling ist's, die Vögel singen
Und man hört sie fröhlich klingen
Ein Vogel, der heißt Leon.

Bewegungsspiel

Der Frühling kommt

weiße Tücher, Triangel

alle Kinder, die schon laufen können

Bewegungsraum

ca. 5 Minuten

Verteilen Sie weiße Tücher als Schnee auf dem Boden. Die Kinder spielen den Frühling. Sprechen Sie langsam den Vers, und schlagen Sie danach einmal auf die Triangel:

Der Frühling kommt und fegt ganz keck
Den allerletzten Schnee hinweg.

Die Frühlingskinder kommen angelaufen und „fegen" mit ihren Füßen den Schnee weg. Es soll gemeinsam ein großer Schneehaufen entstehen. Achten Sie darauf, dass die Kinder erst loslaufen, wenn die Triangel erklingt. Das fällt sicher manchen gar nicht so leicht.

Variation für Könner:

Geben Sie jedem Kind einen Trinkhalm, und legen Sie etwas Watte auf den Tisch. Ändern Sie den Reim etwas ab:

Der Frühlingswind, der fegt ganz keck
Den allerletzten Schnee hinweg.

Am Schluss spielen Sie wieder einen Ton auf der Triangel, und die Kinder versuchen, mit Hilfe des Trinkhalms die Watte vom Tisch herunterzupusten.

Osterhase, Schnuppernase

26

Lied

Melodie und Text: Kati Breuer

Bewegungslied

Begleitung zum Lied

evtl. Hasenhandpuppe oder -stofftier

ganze Gruppe

Gruppenraum

ca. 5 Minuten

Die Kinder begleiten den Text des Liedes mit entsprechenden Bewegungen:

Osterhase (Hände als Ohren an den Kopf halten)
Schnuppernase (mit dem Zeigefinger auf die Nase tippen)
Komm in unsren Garten (Lockbewegung mit der Hand)
Wir woll'n nicht mehr warten (mit dem Zeigefinger Ablehnung signalisieren)
Bring uns bunte Eier her (pantomimisch einen Korb tragen)
Große Eier bitte sehr (mit großer Armbewegung Eiform andeuten)
Leg sie in das grüne Gras (pantomimisch Eier auf den Boden legen)
Komm, du lieber Osterhas'! (Lockbewegung mit der Hand)

Tipp:

Viel Freude macht es den Kindern, wenn Sie eine Handpuppe oder ein Kuscheltier in diesem Lied auftauchen lassen. Singen Sie zuerst den gesamten Text, bevor der Stoffhase hinter Ihrem Rücken auftaucht. Das gibt sicher ein großes Hallo.

Erst kommt der Osterhasenpapa

Melodie: überliefert
Text: Kati Breuer

Sie haben braune Fellchen an
Mit weißen Puschelschwänzchen dran
Sie machen ihren Ostergang
Auf unsrem Gartenweg entlang
Sie machen ihren Ostergang
Auf unsrem Gartenweg entlang.

Bewegungslied

Begleitung zum Lied

keins | *ganze Gruppe*

Gruppenraum | *ca. 5 Minuten*

Die Kinder begleiten das Lied mit passenden Bewegungen:

Osterhasenpapa (eine Hand bewegen)
Osterhasenmama (die andere Hand bewegen)
Osterhasenkinder (mit den Fingern zappeln)
Fellchen (mit einer Hand über die andere streicheln)
Puschelschwänzchen (Hand an den Rücken halten und damit wackeln)
Ostergang (mit zwei Fingern spazieren gehen)

Variation:

Natürlich können die Kinder beim „Ostergang" auch wie Häschen durch den Raum hüpfen.

Variation für Könner:

Stellen Sie für die Kinder Stirnbänder zum Verkleiden her. Dafür einen Streifen braunes Tonpapier abschneiden und je nach Kopfumfang des Kindes zusammentackern. Lange Hasenohren aus Tonpapier schneiden und am Stirnband befestigen.
Achten Sie darauf, dass sich die offenen Seiten der Tackernadeln außen befinden, oder überkleben Sie diese Stellen mit Klebeband, damit sich kein Kind weh tut.

Mit dieser einfachen Verkleidung können die Kinder nun das Lied spielen. Bestimmen Sie einen Hasenvater und eine Hasenmutter, alle anderen Kinder spielen die Osterhasenkinderlein. Auch andere Hasenlieder lassen sich damit gut darstellen, oder die Kinder benutzen die Ohren im Freispiel.

Wer sitzt denn da im hohen Grase?

Instrumentenspiel

	für jedes Kind einen Egg-Shaker (eine eiförmige Rassel)		*5–6 Kinder*
	Gruppenraum		*ca. 5 Minuten*

Jedes Kind bekommt einen Egg-Shaker und darf damit immer dann rasseln, wenn im Text der Hase hoppelt. Sitzt der Hase still, schweigen auch die Instrumente.

Wer sitzt denn da im hohen Grase?
Ich glaub' das ist der Osterhase! (still sein)

Er hoppelt hin, er hoppelt her
Das fällt dem Hasen gar nicht schwer (rasseln)

Jetzt sitzt der Hase wieder still
Ob er die Eier zählen will? (still sein)

Der Hase hoppelt schnell, husch, husch
Unter den großen, grünen Busch (rasseln)

Und schleichen wir uns hin zu ihm (still sein)
Dann muss der Hase hoppelnd flieh'n (rasseln)

Kinder, schaut nur, welch ein Fest
Hier liegt ein buntes Osternest!

28

Lied

Blumenlied

Melodie und Text: Kati Breuer

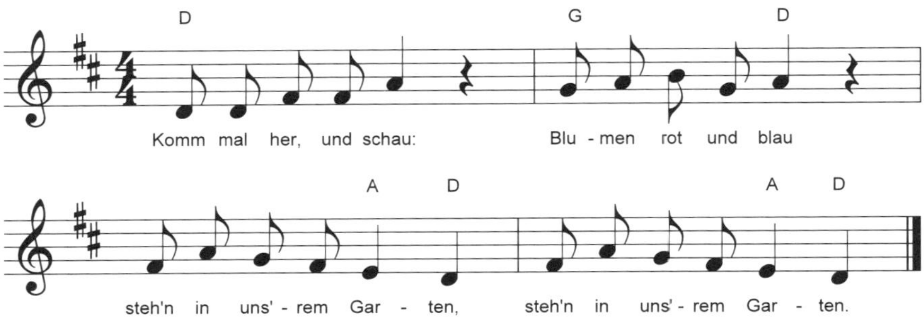

Komm mal her, und schau
Blumen gelb und blau
Steh'n in unsrem Garten
Steh'n in unsrem Garten

Komm mal her, und schau
Blumen weiß und blau
Steh'n in unsrem Garten
Steh'n in unsrem Garten

Spiel zum Lied

Kreisspiel

keins

alle Kinder, die schon laufen können

Gruppenraum

ca. 10 Minuten

Die Kinder stehen im Kreis und fassen sich an. Sie tanzen wie folgt:

Komm mal her, und schau (angefasst im Kreis herumgehen)

Blumen rot und blau (die Richtung wechseln, im Kreis herumgehen)

Steh'n in unsrem Garten (stehen bleiben und klatschen)

Steh'n in unsrem Garten. (mit den Händen auf die Oberschenkel patschen)

Rote Blumen, gelbe Blumen

Bewegungsspiel

Tücher in zwei verschiedenen Farben (z.B. gelb und rot)

alle Kinder, die schon laufen können

Bewegungsraum

ca. 5 Minuten

Verteilen Sie die Tücher an die Kinder. Die Kinder bewegen sich damit durch den Raum. Singen Sie dann zu einer selbsterfundenen Melodie:

Viele gelbe (rote) Blumen wachsen hier bei mir.

Die Kinder mit den gelben (roten) Tüchern kommen zu Ihnen gelaufen und setzen sich auf den Boden.

Singspiel

Faschingszeit, Verkleidungszeit

Kostüme

ganze Gruppe

Gruppenraum

ca. 20 Minuten

Wenn Sie mit den Jüngsten überhaupt schon Fasching feiern wollen, so empfiehlt es sich, dass sich alle gemeinsam in der Einrichtung verkleiden. Es besteht sonst die Gefahr, dass die Kinder Angst bekommen und gar nicht mehr mitmachen mögen, wenn sie plötzlich und unverhofft verkleideten Erzieherinnen und einer geschmückten Gruppe gegenüberstehen.
Auf sehr aufwändige Masken sollten Sie ganz verzichten, damit Sie auf jeden Fall gut zu erkennen sind.

Wenn Sie die Kinder umziehen, singen Sie doch das Anziehlied „Komm, wir ziehen die Schuhe an“ aus Kapitel 2 mit leicht verändertem Text:

Komm, wir ziehen dich lustig an
dich lustig an, dich lustig an
Komm, wir ziehen dich lustig an
Denn heut' ist Faschingstag.

Auch ein Verkleidungsspruch kommt gut an:

Verkleiden, verkleiden, das machen wir so gern
Verkleiden, verkleiden, die Damen und die Herr'n.

Es feiern heute Groß und Klein

29

Lied

Melodie und Text: Kati Breuer

Wir ziehen bunte Kleider an
Kleider an, Kleider an
Und mal'n uns die Gesichter an
dideldideldum

Heut' wird getanzt und viel gelacht
Viel gelacht, viel gelacht
Weil Fasching allen Freude macht
dideldideldum

Begleitung zum Lied

keins

ganze Gruppe

Gruppenraum

ca. 5 Minuten

Die Kinder singen das Faschingslied und klatschen jeweils bei „dideldideldum". Sie können auch einmal andere Bewegungen ausprobieren, z. B. stampfen oder auf die Oberschenkel patschen.

Variation:

Fädeln Sie ein oder zwei Glöckchen und einige bunte Holzperlen auf ein Stück Hutgummi, und verknoten Sie es so, dass ein Kind es als Armband tragen kann. Beim Klatschen gibt es dann jedes Mal schöne Geräusche.

Der Fasching ist da

für jedes Kind ein Musikinstrument

ganze Gruppe

Gruppenraum

ca. 5 Minuten

Jedes Kind holt sich ein Musikinstrument und legt es vor sich auf den Boden. Am Ende des Verses hebt jedes sein Instrument auf und spielt darauf.

Hurra, hurra
Der Fasching ist da
Wir toben und singen
Wir hüpfen und springen
Und wer sich dann traut
Der ist mal ganz laut

Tipp:

Ersetzen Sie ggf. das Wort „Fasching" durch die Bezeichnung, die in Ihrer Region gebräuchlich ist.

Sprachspiel

Mit Luftballons tanzen

viele nicht zu prall aufgeblasene Luftballons, Musik

ganze Gruppe

Bewegungsraum

ca. 10 Minuten

Lassen Sie die Kinder eine Weile frei mit den Luftballons tanzen. Wenn diese nicht zu prall aufgeblasen sind, können sie nicht so leicht platzen. Die Kinder werfen die Ballons hoch, laufen damit durch den Raum, tippen oder schießen sie durch die Luft.
Spielen Sie dann den Luftballon-Stopptanz: Solange die Musik läuft, tanzt jedes Kind wie vorher. Geht die Musik aus, schnappen sich alle einen Luftballon und laufen damit in die Mitte des Raumes, wo sie sich auf den Boden setzen. Geht die Musik wieder an, wird weitergetanzt.

Variation für Könner:

Erweitern Sie den Luftballon-Stopptanz durch verschiedene kleine Farbaufgaben. Sagen Sie z.B.:

„Alle roten Ballons treffen sich in der Mitte!“

„Alle grünen Ballons kommen zu mir!“

„Alle blauen Ballons laufen zur Tür!“

usw.

Als Hilfe können Sie einen Ballon in der entsprechenden Farbe hochhalten.

7

Sommer, Sonne, Sonnenschein

Im Sommer spielt sich das Leben vor allem im Freien ab. Ob in der Sandkiste, auf der Wiese oder beim Spiel mit Wasser, der Sommer hält zahlreiche Möglichkeiten bereit, in der Natur und mit der Natur zu musizieren und zu singen.

Keiner geht allein

Melodie und Text: Kati Breuer

Tipp:

Singen Sie das Lied im Sommer, bevor Sie mit den Kindern ins Freie gehen. Natürlich kann das Lied auch als Kreisspiel gespielt werden. Statt „Kinder, kommt mit" setzen Sie dann einfach einen Namen ein („Pia, komm mit"). Ein Kind geht in die Mitte und sucht sich ein zweites aus, mit dem es in den Sonnenschein gehen möchte. Diese beiden fassen sich an und gehen im Kreis herum.

Klanggeschichte

Liebe, liebe Sonne

Klingender Stab mit Schlägel	*5–6 Kinder*
Gruppenraum	*ca. 5 Minuten*

Die Kinder setzen sich um den klingenden Stab herum. Sprechen Sie den Vers mehrmals hintereinander. Immer am Ende darf ein Kind in die Mitte gehen und ein paar Töne auf dem Instrument spielen. Übergeben Sie dem Kind jeweils bei den Worten „Einer schließt den Himmel auf" den Schlägel. Sie können an dieser Stelle auch gut das Kind direkt ansprechen: „Noah schließt den Himmel auf …".

Liebe, liebe Sonne, komm ein bisschen runter
Lass den Regen oben, dann wollen wir dich loben
Einer schließt den Himmel auf
Kommt die liebe Sonne raus!

Mit Tüchern fliegen

Tanzspiel

für jedes Kind zwei Chiffontücher	*alle Kinder, die schon laufen können*
Bewegungsraum	*ca. 5 Minuten*

Geben Sie jedem Kind zwei Chiffontücher. Mit diesen „Flügeln" laufen die Kinder als Schmetterlinge, Käfer oder Vögel durch den Raum. Wenn Sie möchten, lassen Sie dabei nicht zu schnelle Instrumentalmusik laufen.

Instrumentenspiel

Sommerwind

für jedes Kind ein Musikinstrument, Chiffontuch

ganze Gruppe

Bewegungsraum

ca. 5 Minuten

Die Kinder verteilen sich im Raum und setzen sich mit ihrem Instrument auf den Boden. Sie selbst spielen den „leichten Sommerwind" und gehen durch den Raum. Das Kind, das Sie sanft mit dem Chiffontuch berühren, spielt auf seinem Instrument. Aushalten zu können, dass man nicht sofort an der Reihe ist, ist eine große Leistung für die Kinder. Eventuell muss das mehrfach geübt werden.

Singspiel

Hitparade im Freien

Gitarre

ganze Gruppe

im Freien

ca. 10 Minuten

Erfahrungsgemäß wird sich ein Teil der Kinder ganz von selbst um Sie scharen, wenn Sie sich irgendwo im Garten niederlassen und die verschiedensten Lieder singen und mit der Gitarre begleiten. Sie können das Singen im Freien als ganz offenes Angebot gestalten: Wer nicht mehr zuhören und/oder mitsingen möchte, der geht einfach wieder spielen. Natürlich können die Kinder Sie auch aktiv unterstützen: Mit Stöcken oder Steinen kann man die Lieder prima begleiten. Bunt verziert werden aus den Stöcken übrigens hübsche Klanghölzer.

Hopp, hopp, hopp zu Pferde

für jedes Kind ein Musikinstrument

5–6 Kinder

Gruppenraum

ca. 5 Minuten

Die Kinder begleiten den Reim mit Musikinstrumenten.

Hopp, hopp, hopp zu Pferde
wir reiten um die Erde
Die Sonne reitet hintendrein
wie wird sie abends müde sein
Hopp hopp hopp.

Variation für Könner:

Probieren Sie einmal aus, ob die Kinder schon den regelmäßigen Grundschlag eines Verses oder Liedes spielen können.

X X X X

Hopp, hopp, hopp zu Pferde

X X X X

Wir reiten um die Erde …

Sandkisten-Lied

Melodie und Text: Kati Breuer

Ich sitze in der Sandkiste und backe einen Kuchen
Das ist der beste auf der Welt, und du kannst ihn versuchen
Wie fein, wie fein, ist es, im Sand zu sein
Wie fein, wie fein, ist es, im Sand zu sein
Wie fein, wie fein, ist es, im Sand zu sein
Wie fein, wie fein, ist es, im Sand zu sein

Wir machen Sandmusik

Hörübung

verschiedene Becher, Sandförmchen, Schaufeln, Löffel usw.

2–3 Kinder

in der Sandkiste

ca. 5 Minuten

Probieren Sie mit den Kindern gemeinsam aus, welche Geräusche sich mit dem Sand aus der Sandkiste und den verschiedenen Utensilien machen lassen. Die Kinder können den Sand aus geringer oder großer Höhe in einen Becher rieseln lassen, ihn ein- und umfüllen, ihn in ein Sieb schütten usw. Neben den erzeugten Geräuschen machen sie hierbei noch spannende feinmotorische Erfahrungen. Sie können auch untersuchen, ob sich feiner oder grober, trockener oder feuchter Sand besonders gut anhört.

Sandrasseln basteln

Instrumentenbau

verschließbare Dosen, Sand

ein Kind

in der Sandkiste

ca. 2 Minuten

Helfen Sie jeweils einem Kind dabei, ein wenig Sand in eine Dose oder ein Glas zu füllen. Probieren Sie gemeinsam aus, wie viel Sand für einen guten Klang nötig ist. Vielleicht findet sich sogar unterschiedlich feiner Sand, der dann auch unterschiedlich klingt. Verschließen Sie zum Schluss sorgfältig den Deckel der Dosen. Mit diesen einfachen „Instrumenten" können die Kinder prima draußen Musik machen.

Klanggeschichte

So klingt es auf der Rutsche

Glockenspiel oder Metallofon mit Schlägel

5–6 Kinder

Gruppenraum

ca. 5 Minuten

Stellen Sie das Instrument in die Mitte. Die Kinder dürfen nacheinander den von Ihnen gesprochenen Text mit Tönen begleiten. Wer dran war, übergibt den Schlägel an das nächste Kind.

Heute will ich einmal rutschen.

Ich steige die Leiter hoch, Schritt für Schritt. (vom tiefsten bis zum höchsten Ton die Klangplatten einzeln spielen)

Wenn ich oben bin, halte ich an.

Ich setze mich auf meinen Po und sause runter, hui! (mit dem Schlägel von oben nach unten über die Klangplatten gleiten)

Variation:

Wenn es möglich ist, nehmen Sie das Glockenspiel doch auch einmal mit nach draußen. Alle Kinder, die Lust haben, können dann auf die Rutsche klettern und sich dabei von Ihnen mit Tönen begleiten lassen. Besprechen Sie aber mit den Kindern, dass das wertvolle Instrument auf keinen Fall im Sand landen oder von der Bank fallen darf. Wollen die Kinder gerne selber darauf spielen, so halten Sie deshalb das Glockenspiel am besten auf Ihrem Schoß oder stellen es in einen flachen Karton, damit es nicht schmutzig wird oder kaputtgeht.

Die Kirschen, die sind reif

Melodie und Text: Kati Breuer

Heja, trallala, die Himbeer'n, die sind reif
Heja, trallala, die Himbeer'n, die sind reif
Büschlein, rüttel dich
Büschlein, schüttel dich
Wirf deine Himbeer'n über mich

Heja, trallala, die Erdbeer'n, die sind reif
Heja, trallala, die Erdbeer'n, die sind reif
Pflänzchen, rüttel dich
Pflänzchen, schüttel dich
Wirf deine Erdbeer'n über mich

Bewegungslied

Begleitung zum Lied

Chiffontücher in der Anzahl der Kinder

alle Kinder, die schon laufen können

Bewegungsraum

ca. 5 Minuten

Geben Sie jedem Kind ein Chiffontuch. Es stellt die reifen Früchte dar. Wer möchte, schwenkt zum Lied sein Tuch. Bei „Bäumchen, rüttel dich …" schütteln die Kinder ihren ganzen Körper. Am Schluss dürfen sie die „Früchte" hochwerfen und zuschauen, wie sie zu Boden sinken.

Tipp:

Auch im Herbst können Sie das Lied singen, dann sind eben nicht die „Kirschen reif", sondern die „Blätter bunt".

Rhythmusspiel

Erdbeer'n, Himbeer'n, Kirschen

für jedes Kind eine Rassel

ganze Gruppe

Gruppenraum

ca. 5 Minuten

Sprechen Sie den Vers mit den Kindern, und rasseln Sie gemeinsam im Rhythmus dazu.

Erbeer'n, Himbeer'n ess' ich gern
Kirschen noch viel lieber
In die Krippe (Kita) geh' ich gern
Alle Tage wieder!

Der schöne Kirschzweig

Fingerspiel

evtl. entsteinte Kirschen | ganze Gruppe

Gruppenraum | ca. 5 Minuten

Der Arm des Kindes stellt den Kirschzweig dar. Die fünf Finger sind die Kirschen, sie werden passend zum Text nacheinander berührt.

Ei, seht den schönen Kirschzweig an
Fünf rote Kirschen hängen dran
Das ist die Kirsche kugelrund
Das ist die Kirsche kerngesund
Das ist die Kirsche Zuckerblut,
Und das die Kirsche gar so gut
Da kommt ein Spatz aus seinem Neste
Und rupft's und zupft's
Und reißt und beißt
Bis alle fünfe sind verspeist!

Als Abschluss zu diesem Fingerspiel bietet es sich an, genüsslich eine Portion Kirschen zu verspeisen.

Variation für Könner:

Sprechen Sie den Text mit den Kindern sehr rhythmisch, und machen Sie die angegebenen Bewegungen dazu. Je schneller Sie das tun, desto mehr Spaß macht es.

Rote, rote Kirschen (klatschen)
Blaue, blaue Pflaumen (auf die Beine patschen)
Gelbe, gelbe Birnen (auf den Bauch patschen)
Grüne, grüne Äpfel (stampfen)

Instrumentenspiel

Schmetterlinge fliegen

für jedes Kind ein Musikinstrument, Schmetterling (aus Pappe gebastelt)

ganze Gruppe

Gruppenraum

ca. 5 Minuten

Jedes Kind bekommt ein Instrument. Sie selbst haben einen Schmetterling in der Hand. Immer wenn Sie diesen „fliegen" lassen, machen die Kinder Musik dazu. Setzt sich der Schmetterling irgendwo zum Ausruhen hin, sind die Instrumente still.

Variation:

Jedes Kind hat einen Schmetterling, den es immer dann fliegen lässt, wenn Sie auf einem Instrument spielen. Sind Sie still, landet auch der Schmetterling und ruht sich aus. Natürlich können sich auch die Kinder selbst durch den Raum bewegen.

Basteln

Schmetterlinge basteln

Kaffeefiltertüten, Wasserfarben, Stift, Schere

ein Kind

Basteltisch

ca. 5 Minuten

Den Kaffeefilter mit Wasserfarben gestalten, trocknen lassen und so auseinanderschneiden, dass man ihn aufklappen kann. Der Steg in der Mitte stellt den Körper dar. Durch Vor- und Zurückbewegen der Hand schlägt der Schmetterling mit den Flügeln.

Ich bin ein bunter Schmetterling

Lied

33

Melodie und Text: Kati Breuer

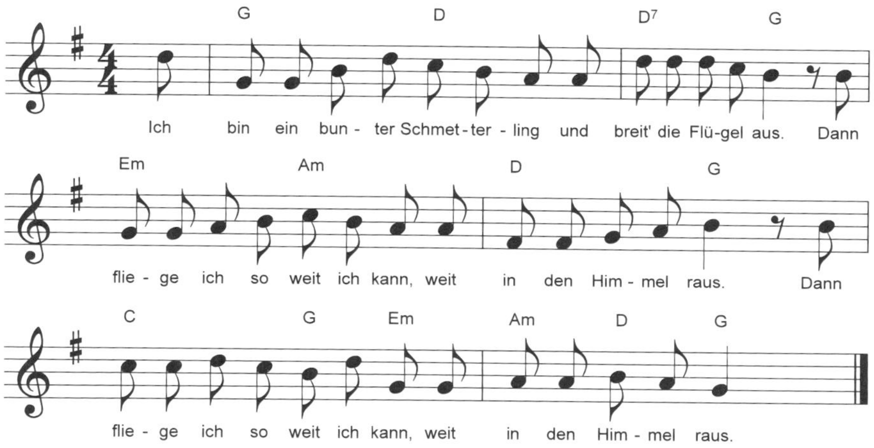

Tipp:

So bringen Sie Bewegung ins Spiel: Wie es im Text angegeben ist, breiten die Kinder ihre Arme als Flügel aus. Bei „Dann fliege ich …" stehen sie auf und laufen mit ausgebreiteten Armen durch den Raum.

Rhythmusspiel

Wir wollen auf die Reise gehen

keins

Bewegungsraum

alle Kinder, die schon laufen können

ca. 5 Minuten

Gehen Sie mit den Kindern im Sprachrhythmus auf der Stelle. Zusätzlich können Sie klatschen. Bei „Mit dem Flugzeug in die Ferne …" bleiben Sie stehen und stellen das genannte Verkehrsmittel pantomimisch dar. Die Kinder drehen eine Runde als Flugzeug, Auto oder Schnellzug, bevor das rhythmische Gehen wieder beginnt. Wem fallen noch mehr Reisemöglichkeiten ein?

Wir wollen auf die Reise gehen
Uns die ganze Welt besehen
Kinder, kommt, es ist soweit
Es ist endlich Urlaubszeit
Mit dem Flugzeug in die Ferne
Ach, ich fliege ja so gerne

Wir wollen auf die Reise gehen
Uns die ganze Welt besehen
Kinder, kommt, es ist soweit
Es ist endlich Urlaubszeit
Mit dem Auto in die Ferne
Ach, ich fahre ja so gerne

Wir wollen auf die Reise gehen
Uns die ganze Welt besehen
Kinder, kommt, es ist soweit
Es ist endlich Urlaubszeit
Mit dem Schnellzug in die Ferne
Ach, ich fahre ja so gerne

Ich werde immer größer

Besonders in den ersten Lebensjahren durchlaufen Kinder eine rasante Entwicklung. Jeden Tag gibt es etwas Neues zu erkunden und Spannendes zu lernen. Begleiten Sie die Kinder musikalisch in die Welt der Farben und Zahlen, beim Größerwerden und Ausprobieren.

34

Lied

Ich werde immer größer

Melodie: überliefert
Text: Kati Breuer

…
Geh' zum Turnen, das macht Spaß
Trink' alleine aus dem Glas
…

…
Setz' mir selbst die Mütze auf
Springe, renne, hüpfe, lauf'
…

Begleitung zum Lied

Rhythmik

keins

ganze Gruppe

Gruppenraum

ca. 5 Minuten

Singen Sie das Lied mit den Kindern, und klatschen Sie in den ersten beiden Zeilen dazu. Wenn die Dinge genannt werden, die das Kind schon kann („Zieh mir selbst die Schuhe an ..."), machen Sie pantomimisch die entsprechende Tätigkeit nach.

Tipp:

Das Lied bietet sich dazu an, selbst noch weitere Strophen zu erfinden. Schauen Sie sich doch einmal bei Ihren Kindern um, bestimmt finden Sie noch Dinge, die diese inzwischen gelernt haben und die sich in den Text einbauen lassen.

Variation:

Falls Sie mit Portfolios arbeiten, fotografieren Sie doch einmal die Kinder, wenn diese eine neue Fertigkeit beherrschen. Schreiben Sie dann den Text des Liedes (ggf. mit Ihren eigenen Strophen) neben das ausgedruckte Foto, und markieren Sie mit einem Textmarker die Stelle, die durch das Bild illustriert wird. Nicht nur die Eltern, auch die Kinder selbst betrachten meist mit großem Vergnügen ihren Dokumentationsordner. Nicht selten entstehen beim Ansehen interessante Gespräche.

Auch ein Plakat, in der Gruppe oder im Flur aufgehängt, ist eine gute Idee. Beschriften Sie es mit „Ich kann viele Sachen schon ganz allein", und kleben Sie die Fotos der Kinder auf.

35

Lied

Wie macht die Katze?

Melodie und Text: Kati Breuer

Wie macht der Vogel?
Wie macht der Vogel?
Wisst ihr das?
Wisst ihr das?
Piep, piep, piep, piep, piep, piep
So macht der Vogel
So macht der Vogel

Wie macht die Kuh?
Wie macht die Kuh?
Wisst ihr das?
Wisst ihr das?
Muh, muh, muh, muh, muh, muh
So macht die Kuh
So macht die Kuh

Tipp:

Lassen Sie die Kinder in jeder Strophe ein neues Tier aussuchen.

Begleitung zum Lied

Bewegungsspiel

keins	*ganze Gruppe*
Gruppenraum	*ca. 5 Minuten*

Lassen Sie die Kinder Katze, Pferd oder Vogel darstellen, indem sie durch den Raum krabbeln, galoppieren oder fliegen.

Variation für Könner:

Ältere Kinder ziehen zunächst eine Karte mit einer Abbildung eines Tieres und versuchen, es zu benennen. Erst dann wird die entsprechende Strophe gesungen. Reihum darf jedes Kind eine Karte ziehen.

Jetzt krabbelt die Maus

Fingerspiel

keins	*ein Kind*
Wickeltisch	*ca. eine Minute*

Miau macht die Katze (Katze nachahmen)
Iah macht der Esel (Esel nachahmen)
Wau-wau macht der Hund (Hund nachahmen)
Chr-chr macht das Schwein (Schwein nachahmen)
Jetzt krabbelt die Maus
In dein Hemdchen hinein (Kind sanft am Halsausschnitt kitzeln.)

Spiel

Heute woll'n wir Tiere sein

keins	*ganze Gruppe*
Gruppenraum	*ca. 10 Minuten*

Viel Spaß macht es den Kindern, wenn Sie sie in Tiere „verzaubern“. Sprechen Sie dazu den Vers:

Alle meine Kinderlein
Wollen heut' mal Tiere sein
Hokus Pokus, 1, 2, 3
Katzen, Katzen, (Hunde, Vögel usw.) kommt herbei!

Die Kinder bewegen sich dann wie das entsprechende Tier durch den Raum und machen die Laute dazu.

Spiel

Bärentritte, Mäuseschritte

Handtrommel	*alle Kinder, die schon laufen können*
Bewegungsraum	*ca. 5 Minuten*

Schlagen Sie abwechselnd auf der Handtrommel langsame, laute und schnelle, leisere Töne. Die lauten Töne sind die Bärentritte, die leiseren die Mäuseschritte. Die Kinder hören genau hin und bewegen sich entsprechend mit großen, stampfenden Schritten oder mit kleinen Trippelbewegungen durch den Raum.

Muh, muh, muh, so ruft im Stall die Kuh

Klanghölzer für jedes Kind

ganze Gruppe

Gruppenraum

ca. 5 Minuten

Sprechen Sie den Text mit den Kindern, und begleiten Sie ihn mit den Klanghölzern.

Muh muh muh
so ruft im Stall die Kuh
sie gibt uns Milch und Butter
wir geben ihr das Futter
Muh muh muh
so ruft im Stall die Kuh

Tipp:

Das korrekte Spielen der Klanghölzer (mit der einen Hand einen Hohlraum bilden, ein Holz darüberlegen und mit dem anderen daraufschlagen) gelingt Kindern in dieser Altersstufe meist noch nicht. Lassen Sie die Kinder ruhig nach ihren Fähigkeiten spielen, benutzen Sie selbst aber die richtige Handhaltung. Möglicherweise versuchen die Kinder irgendwann, Sie nachzuahmen. Alternativ können Sie natürlich auch andere Instrumente verwenden, z.B. Rasseln.

Variation:

Der Text kann auch gesungen werden: Er passt zur Melodie von „ABC, die Katze lief im Schnee".

Wir fahren mit dem blauen Bus

Melodie und Text: Kati Breuer

Wir fahren mit dem roten Bus
Er fährt um kurz vor neun
Und wer auch etwas Rotes hat
Der steigt jetzt bei uns ein
Lalala …

Wir fahren mit dem gelben Bus
Er fährt um kurz vor neun
Und wer auch etwas Gelbes hat
Der steigt jetzt bei uns ein
Lalala …

Wir fahren mit dem grünen Bus
Er fährt um kurz vor neun
Und wer auch etwas Grünes hat
Der steigt jetzt bei uns ein
Lalala …

Kreisspiel

Spiel zum Lied

Tücher in rot, grün, gelb, blau

alle Kinder, die gerade die Farben lernen

Bewegungsraum

ca. 10 Minuten

Verteilen Sie die Tücher an die Kinder, und setzen Sie sich gemeinsam in einen Kreis. Ein Kind (z.B. mit einem blauen Tuch) geht in die Mitte und fährt als Bus im Kreis herum. Bei „und wer auch etwas Blaues hat" kommen alle anderen Kinder mit blauen Tüchern dazu und fahren während der Wiederholung auf „lalala" als Bus herum. Nacheinander sind dann auch noch die anderen Farben dran.

Variation:

Statt Tücher zu verwenden, können Sie auch die Farben der Kleidung der Mitspieler besingen. Es darf dann jeder mitfahren, der irgendwo in seiner Kleidung Rot, Blau oder Grün hat. Diese Spielform ist etwas schwieriger, weil die Sachen nicht immer eindeutig zuzuordnen sind, manchmal bunte Streifen haben usw. Die Kinder kommen dafür hierbei aber meistens öfter dran, weil sie verschiedene Farben in ihrer Kleidung tragen.

Tipp:

Wenn Ihre Kinder sich gerade sehr für Farben interessieren, können Sie mit ihnen folgendes Farbensuchspiel spielen:

1, 2, 3, 4, 5, 6, 7
Wo ist nur das Blau (Rot, Gelb ...) geblieben?
Ist nicht hier, ist nicht da
Ist wohl in Amerika

Die Kinder suchen im Raum einen Gegenstand in der genannten Farbe und bringen ihn zu Ihnen.

Instrumentenspiel

Musik nach Farben

Musikinstrumente, farbige Tücher oder Papier in verschiedenen Farben

alle Kinder, die gerade die Farben lernen

Gruppenraum

ca. 10 Minuten

Je nach Kenntnisstand Ihrer Kinder sortieren Sie die Instrumente in zwei oder mehr Gruppen. Legen Sie diese getrennt auf verschiedenfarbige Untergründe, z.B. eine Gruppe auf ein rotes, eine auf ein blaues Tuch. Bitten Sie dann die Kinder nacheinander, sich entweder ein Instrument vom roten oder vom blauen Tuch zu holen. Je mehr Farben Sie verwenden, desto schwieriger wird es. Mit den so verteilten Instrumenten begleiten Sie dann ein beliebiges Lied.

Instrumentenbau

Farbrasseln herstellen

durchsichtige Dosen mit Deckel, buntes Füllmaterial, Korb

ein bis zwei Kinder

Gruppenraum

ca. 5 Minuten

Setzen Sie sich mit den Kindern an einen Tisch, und bitten Sie sie, das Material nach Farben zu sortieren. Dieses wird dann getrennt in die Flaschen oder Dosen gefüllt: rote Perlen und eine rote Feder in die eine Flasche, blaue Knöpfe in eine andere, grüne Papierkügelchen in eine dritte usw. Zum Schluss kommen alle fertigen Rasseln in einen Karton oder Korb. Die Kinder können im Freispiel damit Musik machen oder einfach nur den interessanten Inhalt betrachten und vergleichen.

Mit den Farbrasseln spielen

Mitmachgeschichte

selbsthergestellte Farbrasseln

5–6 Kinder

Gruppenraum

ca. 10 Minuten

Verteilen Sie die Farbrasseln so an die Kinder, dass jede Farbe mindestens einmal vertreten ist. Erzählen Sie dann langsam die Geschichte. Wenn eine Farbe vorkommt, machen Sie eine Pause. Die Kinder, die die Rassel in der jeweils genannten Farbe haben, spielen einen Moment darauf.

Einmal, im Sommer, bin ich in den Garten gegangen. Das Gras war schön grün. Die Vögel zwitscherten auf dem Kirschbaum. Am Kirschbaum hingen viele rote Kirschen. Die gelbe Sonne strahlte vom blauen Himmel. Ich ging den Weg entlang. Im Beet wuchsen viele Blumen: rote und weiße, gelbe und rosafarbene. Ganz hinten in der Ecke waren auch noch ein paar blaue. Im Kräuterbeet sah ich die grüne Petersilie. Die Tomaten wurden langsam reif. Einige waren schon rot. Es hingen aber auch noch ein paar grüne dazwischen. Die Kinder hatten ihr ganzes Sandspielzeug draußen gelassen: Da lagen eine gelbe Schaufel, ein blauer Eimer, ein rotes Sieb und zwei grüne Sandförmchen. Schnell sammelte ich alles ein und brachte es in die Spielzeugkiste: die grünen Sandförmchen, das rote Sieb, den blauen Eimer und die gelbe Schaufel. Ich klappte den Deckel der Kiste zu und ging wieder zurück ins Haus.

Einer ist verschwunden

Melodie und Text: überliefert

Eine ist verschwunden hier im Kreis
Und du sollst raten, wie sie heißt

Spiel zum Lied

Bettlaken oder dünne Decke	*ganze Gruppe*
Gruppenraum	*ca. 10 Minuten*

Setzen Sie sich mit den Kindern in einen Kreis. Ein Kind deckt sich mit einem Laken oder einer Decke zu und ist somit „verschwunden". Singen Sie das Lied mit den übrigen Kindern - je nachdem, ob sich ein Junge oder ein Mädchen versteckt hat, singen Sie „einer" oder „eine ist verschwunden". Die Kinder finden sicher heraus, wer unter dem Laken steckt.

Variation:

Legen Sie einige (wenige) Spielsachen in die Kreismitte. Die Kinder schauen sie sich einen Moment an. Decken Sie dann einen der Gegenstände zu, und singen Sie das Lied leicht abgewandelt:

Etwas ist verschwunden hier im Kreis
Und du sollst raten, wie es heißt

Die Schwierigkeit können Sie erhöhen, indem Sie mehr Gegenstände hinlegen oder die Kinder wie oben beim Zudecken nicht hinschauen.

Variation für Könner:

Wenn die Kinder das Spiel gut kennen, kann sich auch einmal eins vom Kreis wegdrehen oder die Augen schließen, um nicht zu sehen, wer sich versteckt. Findet das Ratekind nach dem Singen des Liedes trotzdem heraus, wer unter der Decke ist?

Sprachspiel

Was ich alles kann

keins

5–6 Kinder

Gruppenraum

ca. 10 Minuten

Schau mal an
Was ich schon alles kann
Zähne putzen
Zähne putzen

Schau mal an
Was ich schon alles kann
Hände waschen
Hände waschen

Schau mal an
Was ich schon alles kann
Bücher lesen
Bücher lesen

Schau mal an
Was ich schon alles kann
Türme bauen
Türme bauen

Sprechen Sie den Vers gemeinsam, und stellen Sie die genannten Tätigkeiten pantomimisch dar. Kinder, die schon sprechen können, suchen gerne noch weitere Fertigkeiten aus, die gemeinsam dargestellt werden.

Auf Wiederseh'n, ade

38

Lied

Melodie und Text: Kati Breuer

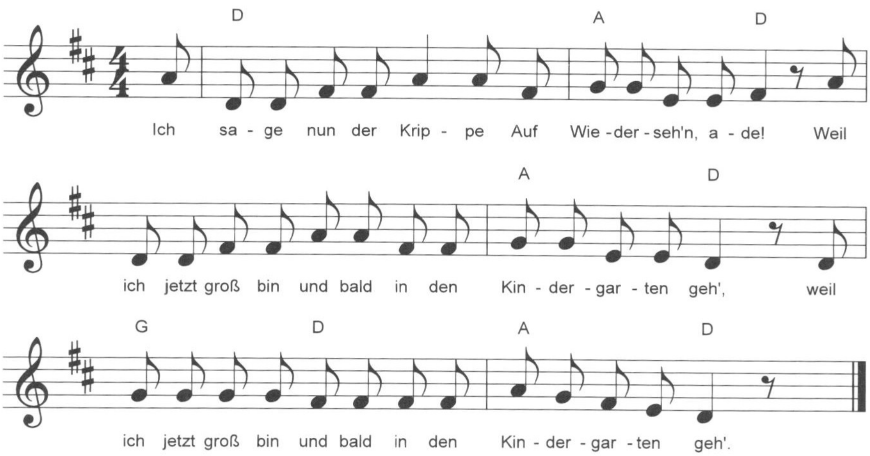

CD-Verzeichnis: